精细化管理与服务系列

物业项目全程运作实战手册

邵小云　主编

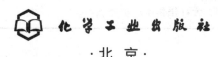

化学工业出版社

·北京·

本书定位于物业公司下属各个项目（如住宅物业、商业物业、机关物业等）的全程运作，将物业项目的管理分为四个阶段——早期介入、接管验收期管理、入伙期运作、常规管理进行阐述。本书结合物业项目的特点，具有针对性、实际可操作性，同时提供了大量的实操范本。

　　本书可供专业培训机构、院校物业专业、物业公司等作为培训教材使用，也可做物业公司、项目管理处、物业从业人员的工具书。

图书在版编目（CIP）数据

物业项目全程运作实战手册/邵小云主编. —北京：化学工业出版社，2015.10（2023.1重印）
（物业精细化管理与服务系列）
ISBN 978-7-122-24967-8

Ⅰ.①物⋯　Ⅱ.①邵⋯　Ⅲ.①物业管理-手册
Ⅳ.①F293.33-62

中国版本图书馆CIP数据核字（2015）第196058号

责任编辑：辛　田　　　　　　　　　　　文字编辑：冯国庆
责任校对：宋　玮　　　　　　　　　　　装帧设计：尹琳琳

出版发行：化学工业出版社（北京市东城区青年湖南街13号　邮政编码100011）
印　　装：三河市延风印装有限公司
787mm×1092mm　1/16　印张11　字数265千字　2023年1月北京第1版第9次印刷

购书咨询：010-64518888　　　　　　　　售后服务：010-64518899
网　　址：http://www.cip.com.cn
凡购买本书，如有缺损质量问题，本社销售中心负责调换。

定　　价：38.00元　　　　　　　　　　　　　　　　　版权所有　违者必究

前言
PREFACE

精益生产管理技术在制造型企业已得到广泛应用。随着经济的发展，精益思想逐渐渗透到社会的各个层面，日益受到人们的关注。近年来，有关精益管理在服务业，特别是传统服务业，如物业、酒店、餐饮、零售、汽车等服务业如何运用的话题越来越多。

服务业的精益管理更多的是继承精益生产管理的理念，而非精益生产管理模式。换句话说，精益服务管理是以用尽可能少的投入来获取尽可能多的产出，最大限度地满足客户需求为基本目标的一种管理方法。因而，准确地说"精益服务管理"应被称为"精细化服务管理"。

虽然目前服务业精益管理尚无统一的模式可循，但是本着"精细化服务管理"的基本理念在服务业开展精益管理，也应遵循"为顾客准备好想要的东西；在顾客需要的时间和地点提供价值；不浪费顾客的时间"的原则。服务业是一个管理复杂的行业，其员工多、岗位多、工种多、要求多，管理起来相应地就要费时、费心、费力，若不实施精细化管理，就难以把服务做到位、做得好，也就难以吸引顾客。

物业服务已成为我国社会发展最快的行业之一。物业服务类型涉及住宅、写字楼、商业场所、工业区、医院、学校、酒店等，物业服务面积达数百亿平方米。在物业行业推广精细化管理与服务，也是一个发展趋势。

物业公司精细化管理与服务是将物业管理服务工作制度化、格式化、程序化，强调执行力，也就是细分服务对象、细分职能和岗位、细化分解每一项具体工作，并落实到具体的环节中。"精"可以理解为更好、更优，精益求精；"细"可以解释为更加具体，细针密缕，细大不捐。精细化管理与服务最基本的特征就是重细节、重过程、重具体、重落实、重质量、重效果，讲究专注地做好每一件事，在每一个细节上精益求精、力争最佳。

基于此，我们在多年探索的基础上，结合物业公司的特点和实际工作的需要，编写了《物业精细化管理与服务系列》丛书，可供

前言 PREFACE

专业培训机构、院校物业专业、物业公司等作为培训教材使用,也可作为物业公司、项目管理处、物业从业人员的工具书。

本书由邵小云主编,同时在本书的编写过程中,获得了一线物业管理人员、物业公司、物业管理协会的帮助和支持,其中参与编写和提供资料的有李锋、雷宏、梁惠莉、刘创景、刘建伟、谷祥盛、李政、李亮、陈锦红、姜宏峰、杨吉华、严凡高、王能、陈小兵、杨丽、吴定兵、朱霖、段水华、朱少军、赵永秀、李冰冰、赵建学、江美亮、唐永生、滕宝红,全书由邵小云统稿、审核完成。在此对大家付出的努力表示感谢!

由于笔者水平有限,书中不足之处在所难免,希望广大读者批评指正。

编 者

目 录 CONTENTS

第一章　物业项目的早期介入 …………………… 1

第一节　前期介入的认识 ……………………… 2
一、物业管理前期介入的作用 ……………… 3
二、物业管理前期介入的时机选择 ………… 3
三、物业管理前期介入流程 ………………… 4
四、物业开发节点提前介入关注要点 ……… 4

第二节　规划设计阶段介入 …………………… 7
一、规划设计阶段介入的目标 ……………… 7
二、规划设计阶段介入的方式 ……………… 7
三、规划设计介入关注的重点 ……………… 7
四、规划设计评估 …………………………… 18

第三节　项目施工阶段介入 …………………… 22
一、物业公司在施工阶段介入的责任 ……… 22
二、物业公司在施工阶段介入的角色 ……… 23
三、施工阶段介入的时机 …………………… 23
四、施工阶段介入的方式 …………………… 23
五、施工现场巡查与整改 …………………… 24
【实战范本1】施工质量问题及设计缺陷问题（专业版）… 29
【实战范本2】施工质量问题及设计缺陷问题案例模板
（通用版）………………………………………… 30

第四节　项目销售阶段介入 …………………… 30
一、营销策划介入 …………………………… 30
二、协助开发商拟定销售文件 ……………… 36
三、销售中心物业服务展示 ………………… 38
四、配合现场销售 …………………………… 41

第五节　竣工验收阶段介入 …………………… 46
一、竣工验收的含义 ………………………… 46

目 录 CONTENTS

二、物业公司在竣工验收中的责任 …………………………………… 46
三、竣工验收的依据 ………………………………………………… 46
四、竣工验收的分类 ………………………………………………… 47
五、物业公司参与竣工验收配合的内容 ……………………………… 47
六、物业公司参与竣工验收的流程 …………………………………… 48

第二章 物业项目接管验收期管理 …………… 49

第一节 物业管理处的建立 ……………………………… 50
一、确保物业管理用房符合法律规定 ………………………………… 51
二、配备好物业管理用具 ……………………………………………… 51
三、确定管理处的组织架构 …………………………………………… 51
四、物业管理处的人员配置与培训 …………………………………… 52
五、管理制度的设计 …………………………………………………… 55
六、建立管理处运作机制 ……………………………………………… 55
七、制订管理处入驻后的工作计划 …………………………………… 57

第二节 物业承接查验 …………………………………… 57
一、明确接管验收交接双方的责任 …………………………………… 57
二、成立接管验收小组 ………………………………………………… 58
三、审核并确认接管验收 ……………………………………………… 58
四、编写接管验收方案 ………………………………………………… 59
五、确定验收标准 ……………………………………………………… 59
六、对验收人员进行培训 ……………………………………………… 62
七、准备好相应的验收表格 …………………………………………… 62
八、验收工具与物资要准备充分 ……………………………………… 63
九、验收前应召开接管验收会议 ……………………………………… 64
十、进行资料的交接验收 ……………………………………………… 64
　　相关知识：不移交物业资料须承担法律责任 …………………… 67
十一、对房屋实体进行验收 …………………………………………… 68
十二、处理接管验收的遗留问题 ……………………………………… 69
十三、明确交接验收后的物业保修责任 ……………………………… 70

目录 CONTENTS

  十四、办理交接手续 …………………………………… 71
  十五、验收后入住前的设施成品保护 …………………… 71
 第三节 物业清洁开荒 …………………………………… 72
  一、开荒清洁的重要性 ………………………………… 73
  二、开荒工作要求 ……………………………………… 73
  三、开荒管理方案制定 ………………………………… 73
  四、开荒清洁的准备工作 ……………………………… 74
  五、开荒清洁的组织与实施 …………………………… 74
  六、开荒清洁的验收标准 ……………………………… 75
  七、开荒清洁结束后的工作 …………………………… 79
  八、开荒清洁安全注意事项 …………………………… 79

第三章 物业入伙期运作 ……………………… 81

 第一节 物业入伙手续的管理 …………………………… 82
  一、编制入伙方案 ……………………………………… 83
  二、与开发商做好沟通 ………………………………… 84
  三、做好相关部门的协调工作 ………………………… 84
  四、入伙前各项资料要准备齐全 ……………………… 84
  五、可以进行入伙模拟演练 …………………………… 89
  六、要做好应对突发事件的准备 ……………………… 89
  七、办理入住仪式 ……………………………………… 89
  八、办理集中入伙手续要环环相扣 …………………… 89
  九、积极地答复业主的疑问 …………………………… 90
  十、零散入伙期间要与开发商沟通协调好 …………… 91
  十一、做好新入伙小区的管理 ………………………… 92
 第二节 物业二次装修管理 ……………………………… 92
  一、制定装修管理流程 ………………………………… 92
  二、要加强装修审批 …………………………………… 93
  三、要尽告知和督导义务 ……………………………… 95

目录 CONTENTS

　　【实战范本3】小区住宅装饰装修告知书……………95
　四、加强对装修现场的监管………………………………96
　五、对装饰装修违规现象的处理…………………………97
　　相关链接：物业装修管理要学会规避责任……………98

第四章　物业项目常规管理……………99

第一节　安全保安管理………………… 100
　一、建立物业安保机构……………………………………100
　二、配备保安员……………………………………………101
　三、明确重点保安目标……………………………………101
　四、完善区域内安全防范设施……………………………102
　五、定期对保安员开展培训工作…………………………102
　六、做好群防群治工作……………………………………103
　七、制定和完善安全保安制度……………………………103
　八、突发事件应急处理……………………………………104

第二节　车辆安全管理………………… 106
　一、加强道路交通的管理…………………………………106
　二、完善停车场管理措施…………………………………107
　三、停车卡办理和收费管理………………………………110
　四、制定车场（库）意外应变预案………………………111

第三节　消防安全管理………………… 113
　一、消防组织建设与责任分工……………………………113
　二、确定区域防火责任人…………………………………115
　三、积极开展消防宣传、培训……………………………116
　四、做好消防档案的管理…………………………………117
　五、加强消防检查巡查……………………………………119
　六、开展消防演习…………………………………………122

第四节　物业设备设施管理……………… 125
　一、了解物业设备设施的组成……………………………125

目录 CONTENTS

  二、建立物业设备档案 ……………………………… 125
  三、加强物业设备运行管理 ………………………… 126
  四、做好物业设备维护管理 ………………………… 127

第五节　业户维修服务管理 ……………………………… 131
  一、设立便民维修保养服务部门 …………………… 131
  二、报修程序及时间安排 …………………………… 132
  三、制订维修服务承诺 ……………………………… 133
  四、制定维修服务程序 ……………………………… 136
  五、加强维修服务检查与回访 ……………………… 136

第六节　社区文化建设 …………………………………… 139
  一、社区文化建设规划 ……………………………… 139
  二、社区文化建设要点 ……………………………… 139
  三、社区文化活动策划与组织 ……………………… 142
  四、社区文化活动开展 ……………………………… 143

第七节　管理费收缴与管理 ……………………………… 144
  一、了解物业管理费的构成 ………………………… 145
  二、物业管理费的确定要点 ………………………… 145
  三、物业管理费的收缴和追讨 ……………………… 146
  四、管理费的管理 …………………………………… 148

第八节　业户投诉处理 …………………………………… 149
  一、业户投诉内容分析 ……………………………… 149
  二、投诉的常规处理程序与方法 …………………… 150
  三、预防、减少投诉的发生 ………………………… 152
  四、提升业户投诉处理效率 ………………………… 153

第九节　保洁管理 ………………………………………… 154
  一、保洁管理的范围 ………………………………… 154
  二、做好保洁管理规划 ……………………………… 155
  三、制定科学的操作程序 …………………………… 156
  四、制定保洁质量标准 ……………………………… 156
  五、开展保洁质量检查 ……………………………… 158

目 录
CONTENTS

第十节　绿化管理 …………………………………………………… 161
　一、绿化管理重点 ………………………………………………… 161
　二、选择绿化管理方式 …………………………………………… 161
　三、善用绿化管理方法 …………………………………………… 162
　四、加强绿化外包管理 …………………………………………… 163

第一章
物业项目的早期介入

- 第一节　前期介入的认识
- 第二节　规划设计阶段介入
- 第三节　项目施工阶段介入
- 第四节　项目销售阶段介入
- 第五节　竣工验收阶段介入

引言：

在早期介入中，物业公司可从业主（或物业使用人）及日后管理的角度，就房屋设计和功能配置、设备选型和材料选用、公共设施配套等方面提出建议，力求用户入住之前的各种前期工作与用户的实际需要及日后物业管理工作相适应。

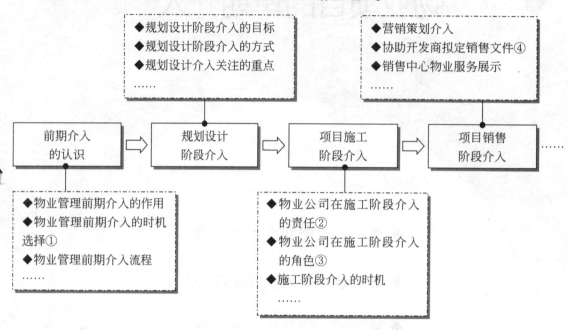

图示说明：

① 根据前期介入阶段的不同，它可以分为早、中、晚三类。

② 物业管理专业人员对规划设计的参与职责主要表现在全面细致地反映物业管理能得以顺利实施的各种需要，以及在以往管理实践中发现的规划设计上的种种问题或缺陷，把它以咨询报告的形式提交给设计单位并且责成其在设计中予以纠正。

③ 物业公司作为工程竣工以后房屋和设备设施的管理者，在工程施工阶段介入施工过程，有着它独特的作用。为了以后正常的管理房屋和设备设施，它会更专业、更直接地提出工程质量问题。

④ 完成房地产物业管理服务方案，协助开发商拟定销售合同所需附件，如住宅质量保证书、住宅使用说明书等。

第一节　前期介入的认识

物业管理的前期介入是指在物业尚未建成和实施前期、物业管理服务之前，接受开发商的委托后，就参与介入，从物业管理运作和业主使用的角度对物业的环境布局、功能规划、楼宇设计、材料选用、设备选型、配套设施、管线布置、房屋租售、施工质量、竣工验收等多方面提供有益的建设性意见，力求使用户入住之前的各种前期工作与用户使用的实际需要及日后物业管理工作相适应。

一、物业管理前期介入的作用

（一）优化设计

随着社会经济的发展，人们对物业的品位和环境要求越来越高，这使得建设单位在开发过程中除了必须执行国家有关技术标准外，还要考虑到物业的功能、布局、造型、环境以及物业使用者的便利、安全和舒适等因素。物业公司可从业主（或物业使用人）及日后管理的角度，就房屋设计和功能配置、设备选型和材料选用、公共设施配套等方面提出建议，使物业的设计更加优化、完善。

（二）有助于提高工程质量

在物业的建设过程中，物业公司利用自身优势帮助建设单位加强工程质量管理，及时发现设计、施工过程中的缺陷，提前防范质量隐患，使工程质量问题在施工过程中及时得到解决，避免在日后使用中再投入额外资金和精力，从而减少浪费，提升物业品质。

（三）有利于了解物业情况

对物业及其配套设施设备的运行管理和维修养护是物业管理的主要工作之一，要做好这方面的工作，必须对物业的建筑结构、管线走向、设备安装等情况了如指掌。物业公司可以通过早期介入，如对于图纸的改动部分做好记录，对设备安装、管线布置尤其是隐蔽工程状况进行全过程跟踪等，充分了解所管物业的情况，从而在日后的管理中做到心中有数，"对症下药"。

（四）为前期物业管理做好充分准备

物业公司可利用早期介入的机会，逐步开展制定物业管理方案和各项规章制度，进行机构设计、招聘人员、实施上岗培训等前期物业管理的准备工作，方便物业移交后物业管理各项工作的顺利开展。同时，通过在早期介入过程中与各方的磨合，理顺与环卫、水电、通信、治安、绿化等部门之间的关系，为日后管理建立畅通的沟通渠道。

（五）有助于提高建设单位的开发效益

早期介入是物业公司从物业开发项目的可行性研究开始到项目竣工验收的全程介入，建设单位可以得到物业公司的专业支持，开发出市场定位准确、功能使用考虑周全、业主满意的物业，促进物业的销售。同时，建设单位还可以通过引入高水平的物业管理咨询提升自身的品牌。

二、物业管理前期介入的时机选择

根据前期介入阶段的不同，可以分为早期介入、中期介入、晚期介入三类，如图1-1所示。

物业公司在早期介入最好，提出的意见最及时，采纳后能优化设计，有利于后期管理工作的顺利进行；中期介入虽然晚一点，但是不少方面还可以补救，可以减少物业接管后的返工，避免一些在后期管理中难以解决的问题。因此，如果目前条件不允许早期介入的话，中期介入应是比较合适的介入点。晚期介入虽仍属前期介入的范畴，但工程已经竣工，设备已经安装,如果发现问题,也已无法改变。

图1-1 前期介入阶段的类别

三、物业管理前期介入流程

物业管理前期介入主要是协助开发商把好质量关,从"以人为本"的理念来考虑今后业主(购房者)在物业中的生活舒适满意度。物业管理前期介入流程如图1-2所示。

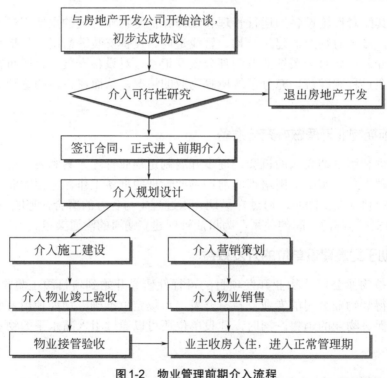

图1-2 物业管理前期介入流程

四、物业开发节点提前介入关注要点

不同的物业项目介入的时机不一样,物业公司参与的内容也不一样,表1-1就某地产公司物业开发全过程中各开发节点来分解物业提前介入的关注要点,供物业公司对早期介入工作有一个大致的了解。

表 1-1 某地产公司各开发节点物业提前介入关注要点

序号	节点名称	物业参与情况
1	产品建议决策会	参与会议，会后由设计填写"新项目关键点设计情况调查表"，一周内完成，物业充分了解产品设计的初步情况，一周内物业回复意见
2	规划方案决策会	参与会议，物业公司主要关注安防系统（物防为主、小区围墙的设计）、智能化系统、管理用房（设计的位置）、车位配置、交通系统等，并提出相关
3	规划设计征询文本	不参与
4	规划设计征询通过	不参与
5	单体方案决策会	参与会议，重点关注空调机位的设计
6	实施方案报批文本	不参与
7	实施方案批复	不参与
8	企划策略汇报会	参与会议
9	目标成本决策会	参与会议，了解智能化成本目标
10	建设用地使用许可证	不参与
11	详勘报告完成	不参与
12	桩基施工图设计	不参与
13	报建施工图设计（消防、抗震等）	不参与
14	联合审图汇报会	物业提前一周参与审图，重点关注小区交通规划、车辆流向、出入口设定、小区围墙、水景、设备房、物业用房的配比、功能及智能化，由物业前期介入小组提出审图意见
15	精装修方案初步汇报会	物业提前一周参与审图，关注产品的各项使用功能，提出合理化建议
16	建设工程规划许可证	不参与
17	全套施工图设计	由设计部组织，物业同该产品设计院进行沟通，充分表述物业关注的相关内容
18	精装修全套施工图完成	不参与
19	施工图审图批复（节能审批通过）	不参与
20	采购控制表完成	采购过程中，物业关注小区配套的设施设备，重点关注小区垃圾桶、果皮箱、儿童游乐设施、摆放在车库和室外的配电箱、景观上配置的桌椅等，增加物业确认流程，以便后期的物业管理
21	景观方案汇报会	物业提前一周参与审图，重点关注小区围墙的设计，审核小区出入口设置位置是否合理，景观植被的搭配是否合理，了解景观的设计情况，避免散放鹅卵石、地面出现明沟等问题出现
22	景观方案设计完成	在景观设计时物业同设计师进行一次交底
23	景观施工图设计完成	跟踪物业关注的各项要点
24	拆迁交地	不参与

续表

序号	节点名称	物业参与情况
25	施工、监理单位内部定标	不参与
26	施工许可证	与工程管理部签订该项目细部检查协议
27	基础（高层桩基）施工开始/完成	不参与
28	主体结构达到预售条件	不参与
29	精装修研究用房完成	物业对精装修研究用房进行使用功能评估，以书面形式报精装修小组
30	精装修方案决策会	物业提前一周参与审图
31	预售许可证	提前三个月启动、预售二周前完成前期物业管理招投标工作，完成物业管理方案和物业管理费测算，签订物业管理委托合同，起草《前期物业管理服务协议》《业主临时公约》文本
32	开盘定价会	不参与
33	销售展示区/示范单位开放	提前一个月准备示范区开放后的物业服务方案、人员安排与营销确认，提前两周招聘现场服务人员并进行培训
34	开盘	负责现场物业服务和秩序维护
35	主体施工完成	细部检查组进入
36	脚手架拆除完成	不参与
37	精装修施工开始/完成	精装修施工开始之前三个月细部检查组进入，过程中细部检查对隐蔽工程要做全面检查
38	单体竣工	不参与
39	室外配套、园建施工完成	细部检查组提前一个月开始检查
40	风险预控汇报会	提前两周完成风险评估工作，提交专题报告
41	业主开放日	负责客户接待、咨询、物业服务和秩序维护，完成客户服务需求调查工作，与客户关系中心签订房修服务协议
42	综合竣工备案表	不参与
43	住宅交付使用备案	不参与
44	入伙条件	不参与
45	预验收	提前一个月完成物业接管方案，与地产公司项目部沟通，确认接管时间和要求
46	交付准备会	提前一周完成交付计划，与地产公司客户关系中心签署交付工作委托协议，确定开荒保洁工作事宜
47	交付时间	负责交付现场物业服务和秩序维护
48	产品缺陷总结会	交付一个月后完成总结报告交地产公司

第二节 规划设计阶段介入

规划设计是房地产开发建设的源头，物业管理的早期介入应从物业管理的规划设计阶段开始。物业公司从项目设计阶段提前介入，参与物业建设项目的优化设计，对物业实施超前管理，为完善物业建设提出建设性意见，避免物业建成后的使用和管理问题。

一、规划设计阶段介入的目标

物业公司在规划设计阶段介入，可以根据物业管理服务的经验，结合业主的意见反馈，提出设计方面的经验性建议，确保以下事项。

① 设施设备的完善，如小区环境的美化、道路的规划、休闲游乐场所与场地的规划等。

② 建筑设计中使建筑既美观耐用，又有利于后期维保服务，如小区内的景观设计在考虑到美观的同时还要兼顾到后期的维修、清洁及养护方面的成本等。

③ 建筑物功能设计更加完善，如物业用房的配备、住宅空调外机位置等。

④ 细节设计上更加完善，如室内各种管线与设施的布局、位置、高度等方面。从日后物业管理的角度出发，所提的建议在一定程度上可以使设计更为合理和人性化，这些合理化建议一旦被采纳，可以有效地避免由于设计上的缺陷给后期业主的使用和物业管理服务带来的不必要的麻烦，而且这种先天缺陷一般物业公司都是无法解决的。

二、规划设计阶段介入的方式

规划设计阶段介入的方式主要有以下几种。

① 召开由开发商、规划设计部门、工程建设主管部门参加的意见交流会。

② 对楼盘规划设计方面的意见以文件的形式向开发商、规划设计部门反映。

③ 参加设计图纸会审，提出会审意见。

另外，在其他一些工作场合，物业公司也可以抓住机会向设计人员提出意见或反映一些在物业管理和使用过程中遇到的问题。

不管采取哪一种方式，都需要有关人员在日常工作中注意了解有关的情况，积累实际经验，搜集资料、数据，了解有关的设计规范，熟悉政府部门（如物价部门、供水、供电部门）的有关文件和规定。如只有熟悉物价部门有关小区公共用水、用电的摊分办法和用电类别的划分，才能提出合理安装电表的建议。

三、规划设计介入关注的重点

物业管理专业人员对规划设计的参与职责主要表现在全面细致地反映物业管理能得以顺利实施的各种需要，以及在以往管理实践中发现的规划设计上的种种问题或缺陷，把它以咨询报告的形式提交给设计单位并且责成其在设计中予以纠正。图1-3所列的一些问题物业公司都有责任和义务向开发企业及设计单位提出建议。

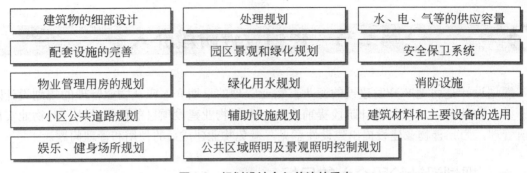

图1-3 规划设计介入关注的重点

（一）建筑物的细部设计

规划设计时，对建筑物各种管线与设施的布局、位置、高度、离墙距离等方面，常有一些被忽略的问题，但从日后使用和维修的角度看，却很重要，如是否每个房间外都预留了放置空调室外机的位置，这些位置是否合理，空调室外机在这些位置上使用时会不会影响周围住户，空调洞口离墙面或地面的距离是否合理，冰箱、洗衣机预留位置及下水口是否适当，电路接口是否足够，位置是否适当等。类似这些细节问题，一般规划设计人员很难完全预料，但是有经验的物业公司却十分清楚。

因此，物业公司在房屋规划设计时有义务就这些细节问题向设计单位提出，请其注意。仔细完善这些细部设计，体现了房地产开发"精益求精"的开发理念，也只有这样精雕细刻，设计出的房屋才能获得消费者的青睐。

（二）配套设施的完善

各类配套设施的完善，是任何物业充分发挥其整体功能的前提，房地产实行综合开发的目的也在于此。如果配套设施等硬件建设先天不足，日后的物业管理将很难做好。

对于住宅小区幼儿园、学校等公益事业单位，各类商业服务网点如商店、饮食店、银行等，小区内外道路交通的布置，环境的和谐与美化，尤其是人们休息、交往、娱乐的场所与场地的布置，在规划设计中应加以充分的考虑。对于写字楼、商贸中心等，其与停车场的大小和位置显得很重要。

物业公司根据以往物业管理的经验和日后实施物业管理的需要，在上述方面应该提出意见和建议。

① 规划有幼儿园、学校的小区，每千人建筑面积为559～850平方米。

② 幼儿园应布置在环境安静、接送方便的地段，儿童活动室和活动场地应有良好的朝向，保证室外有一定面积的硬地和一定数量的活动器械。

③ 由于小学或初中学生活泼好动，所以学校应布置在小区边缘，选择比较僻静的地段，并与住宅保持一定距离，以避免其室外活动的喧哗声干扰住户。

④ 规划有商业、服务建筑的小区，每千人建筑面积为353～389平方米。

⑤ 规划有金融建筑的小区，每千人建筑面积为16～22.5平方米。

⑥ 附属建筑如变电站、水泵房、锅炉房、燃气调压站、垃圾站等是否满足使用，并考虑建筑位置是否合理，是否会扰民。

⑦ 商业、服务业、金融、居民委员会的布局应相对集中，以便形成小区的服务中心。

（三）物业管理用房的规划

物业管理用房是开发商委托设计单位进行规划设计的，物业公司应根据将来物业管理的规模和实际需求对设计进行审核，避免给以后的物业管理工作带来困难。物业管理用房的规划一般应从以下几个方面进行审核。

1. 提供良好的办公环境

① 以方便业主为目的，物业公司办公地点到各住宅楼的距离应大体相当。

② 以方便业主为目的设计物业办公的流程模式，并在此基础上对物业的办公用房布局进行审核，看其是否符合办公流程的要求。

③ 办公用房数量和面积是否够用。

④ 库房及工作间的面积是否够用，并且尽可能将库房和工作间安排在相邻处，以利于日后的工作和管理。

⑤ 认真审核建筑平面图，对哪些地方需要改变门的位置、哪些地方需要打隔断并重新开门、哪些房间便于使用功能的组合等都要做仔细地研究和规划，否则等施工完毕就无法进行改造了。

⑥ 如有需要应考虑外聘方办公用房、工作用房、库房的需求。外聘方是指电梯维修保养公司、保安公司、保洁公司和绿化公司等。

⑦ 由于物业办公用房多被安排在地下，所以要尽可能争取良好的采光和通风条件。

2. 提供良好的休息环境

① 员工的生活环境同办公环境一样，都是物业公司对环境管理的重要组成部分。物业公司对办公环境提出要求，是为了给员工提供良好的工作条件；对生活环境提出要求，是为了给员工提供良好的休息条件。两者的目的都是提高员工的身心健康，提高工作效率。

② 员工住宿条件应能满足以下要求：

a.住宿房间数量和面积够用。

b.员工食堂、文化娱乐、卫生间、洗浴室列入规划并规划合理。

有一点要注意，就是不仅要满足物业公司自身员工的住宿需求，还要满足外聘方员工的住宿需求。

③ 由于开发商将员工住宿和活动用房设计在地下建筑内，所以应争取尽可能好的采光、通风条件（有时开发商为了节省投资，不设计天井），以保证员工的身心健康。

④ 较高档次的别墅区多为低层建筑，地下一层是业主的私房，且不建地下二层，这意味着物业公司可以利用的地下房间的数量有限。因此，物业公司更应该对物业管理用房、员工住宿、生活用房的数量和使用功能进行详细审核，以避免将来物业用房的数量不足或功能不完善。

（四）小区公共道路规划

1. 道路的使用功能

道路的规划应满足其使用功能。

① 应考虑便利小区居民日常生活方面的交通出行，如步行、骑自行车、驾驶机动车通行等。

② 便于清洁垃圾、递送邮件等市政公用车辆通行。

③ 便于救护、消防、装修及搬家等车辆的通行，尤其是楼前小路更应考虑救护、消防、装修及搬家车辆的通行。

有些设计为了片面追求艺术效果，将小区的非主要干道（如楼前的通道）设计得宽窄不一，窄的道路机动车辆难以通行，且有些拐弯设计成死角，车辆难以转向，如果车辆强行通过，势必会碾压路旁的绿地、花木甚至损坏道牙，对于这些状况，物业公司在审图时一定要注意。

2. 小区道路分级

小区道路通常分为四级。

① 一级道路是小区的主要道路，是解决小区内外联系的主干道，路宽应在9米以上。
② 二级道路是小区的次要道路，用以解决内部联系，路宽为7米以上。
③ 三级道路为小区内的支路，用以解决住宅组群的联系，路宽不小于4米。
④ 四级道路为楼门前道路，路宽不小于3米，能满足上面所述的机动车通行要求。

3. 小区道路的规划要求

① 建筑物外墙面与人行道边缘间距应大于1.5米，与机动车道的距离应不小于3米。
② 尽端式道路其长度不宜超过120米，尽端处应有12米×2米的回车场地。
③ 单车道，每隔150米应有一段回车处。
④ 道路两边应设有立道牙，以利于保护绿地，并防止下雨时绿地中的泥水、杂物流入路面。
⑤ 休闲区的通道或人行步道应因地制宜，不一定全部采用立道牙，但要考虑防止行人踩踏绿地的措施。例如，在过往行人较多的步行道两侧铺装漏孔砖，尤其在道路转弯处，漏孔砖的铺设面积更应大一些，以防止行人走近道，踩踏绿地。
⑥ 在通道两边栽种小灌木形成"绿篱"，也可以起到阻隔作用。为了景观多样性，可采用"绿篱"隔离和漏孔砖交替使用。

4. 道路铺装要求

① 高档小区可采用不同色彩的石材或其他彩色的磁砖来铺装路面，而不宜采用沥青路面。
② 铺装用的彩砖或石材的品种、规格不宜过多，否则会加大日后维修用储料的成本，一般应控制在五种以内，既可以满足不同风格的美观效果要求，也可以降低日后的储料成本。
③ 有机动车通过的路面，铺装材料（不论是石材还是彩色磁砖）的尺寸不宜过大并应达到一定的厚度，以满足承载要求，避免重载车辆对路面的损坏。
④ 铺装应采用防滑材料，避免雨、雪天摔伤行人。
⑤ 铺装路面应平坦，无裂缝，便于清洁。
⑥ 铺装路面应易于渗水、排水，避免路面积水。

（五）娱乐、健身场所规划

目前许多小区都设计有娱乐、健身场所，对于这一点，物业公司，在图纸审核阶段也要多加注意，尤其是表1-2所列的地方。

物业公司应从住户的视角出发，尽可能全面、细致地考虑各种设施的使用问题，如是否安全、规范，是否方便使用和维护等，提出合理化建议，并提请开发商和设计单位注意。

（六）垃圾处理规划

对于小区内的垃圾收集方式、垃圾场地的管理、垃圾的运输、垃圾场对周边环境的影响等，在规划设计阶段就应给予充分的关注。

垃圾储运场地的位置应考虑以下几点。

① 方便使用，位置适当。应设置在小区非主要出口处，道路通畅，便于运输。如果有条件，以垃圾运输车辆不进入小区为最佳。

表1-2 娱乐、健身场所规划

序号	场地名称	规划要求
1	儿童游戏场地	在规划设计时应考虑不同年龄段儿童的特点和需要，一般分为幼儿（2岁以下）、学龄前儿童（3～6岁）、学龄儿童（6～12岁）三个年龄组 （1）幼儿需要家长或成年人带领，活动量较小 （2）学龄前儿童有很强的依恋家长的心理，活动量和能力都不大，这两组年龄段的儿童游戏场地宜靠近住宅旁，可与老年人、成年人休息活动场地结合布置 （3）学龄儿童活动能力较大，伴随而来的喧哗声也大。因此，他们的游戏场地应远离住宅，以减少对住户的干扰
2	老年人、成年人休息及健身场所	老年人和成年人的活动主要是锻炼、聊天、打牌、下棋、乘凉或晒太阳，因而其活动场所应布置在环境较为安静、景色较为优美的地段，一般可结合公共绿地单独设置或与幼儿及学龄前儿童游戏场地结合设计

② 垃圾场距离住宅、办公楼窗户16米以上，且处于夏季主导风向的下风口。

③ 垃圾场应比较隐蔽，不碍观瞻。可用较密集的乔木、灌木相间的绿化方式加以隔离或用具有美化效果的建筑形式遮挡。

④ 垃圾场地应有配套的水龙头、地漏，场地铺砌易排水，便于装车、运输、清扫。

⑤ 关注各楼层垃圾桶的设置是否合理。

⑥ 楼层、地下室、地下车库、园区环境等处的清洁用水应方便取用。

⑦ 电梯厅内吸尘用电方便。

⑧ 天台设置照明及水龙头，以方便清洁使用。

（七）园区景观和绿化规划

园区景观和绿地不仅能美化园区，改善小气候，净化空气，减少噪声，为住户创造一个优美、舒适、安逸的居住环境，同时也是城市绿化的组成部分。

1. 规划的要求

园区景规划的要求如图1-4所示。

要求一　总体规划的要求

（1）结合投资规模、小区的档次、小区建筑的主体风格及小区的主体文化内涵等因素进行景观形式、风格的规划

（2）一般应将主体景观设置在小区的主出入口处及园区的中心地带，形成园区整体景观的核心部分。小区主出入口区域的景观最好能体现出小区名称的内涵

（3）园区内的水景景观不宜过多，较小型小区有1处即可；中型小区有1～2处即可；较大型的小区有2～3处即可，但也应尽可能取下限。如此考虑，不但节省了水资源和电能，也降低了物业管理成本

（4）由于木栈道的使用寿命短，且养护费用高，一般1～2年即自然损毁，所以景观中的木栈道应不用或少用

（5）园区里不宜制作太多的"地形"，可在重点地方少量修建

（6）人造土丘或高地不宜过高，坡度应尽量缓和，以利于存水。此外，人造土丘或高地不能离住户窗户太近

（7）尽量少建或不建树池，若建造，其高度不应超过50厘米、内径不小于1.5米（方形树池比圆形树池要美观、大方）。如此规定的原因在于使树根扎在树池之下，既有利于树木生长，而且待树木长大后，树根也不会将树池拱裂

图1-4

| 要求二 | 绿地的规划 |

> （1）遵循集中与分散、重点与一般、点线面结合的原则，形成完整统一的居住区绿地系统，并与城市绿地系统相协调
> （2）充分利用原有的自然资源和自然条件
> （3）植物配置和种植力求投资少、管理方便、效益好。为保证采光，不宜在窗前种植高大型乔木和灌木。如果种植，则距离窗户应不小于5米
> （4）园内小块公共绿地，主要供居民（特别是老人、儿童）使用。绿地以观赏为主，也可在其中灵活设置一些游戏娱乐设施，供休息、活动用
> （5）宅旁和庭院绿地主要功能是供业主休息及活动
> （6）院落之间可用"绿篱"、栅栏或花墙隔离。高层住宅前后的绿地，因楼群间隔较大，可作为一般的公共活动之用
> （7）道路绿化在交叉路口的视距三角形内，不应栽植高大乔木、灌木，以免影响驾驶员视线
> （8）在地下建筑物上方种植，其土层厚度一般不应小于1.5米，植大树处土层厚度应不小于2米。所有施工都应注意改良土壤，或按《城市园林绿化工程施工及验收规范》中对土质的要求进行施工，施工中应施底肥

| 要求三 | 植物的选配一般原则 |

> 植物的选配要遵循以下原则
> （1）大量而普遍的绿化应选择适宜本地条件、易长、易管、少修剪和少虫害的乔木、灌木树种
> （2）在入口及公共活动场所，应选择观赏性的乔木、灌木或少量花卉
> （3）为较快形成绿化效果，可采用速生与慢生相结合的树种，并以速生树种为主
> （4）行道树宜选用遮荫强的树种
> （5）所有游戏娱乐、健身场地的路边都不得种植有刺、有毒植物
> （6）为提高美化效果，可采用乔木和灌木、常绿与落叶、不同树形及色彩多变化的树种搭配组合种植
> （7）根据当地的气候条件，选择适宜本地区生长的植物
> （8）尽量少种或不种时令花卉和草本花卉
> （9）尽量少种宿根花卉，即使栽种，其面积也不应过大

图1-4　园区景观和绿地规划的要求

2. 常见的设计错误

受设计人员的知识、观念、经验及思考问题的角度等因素影响，其设计中会出现诸多偏差或错误，若不予以纠正，势必会给后期的绿化养护管理工作带来许多困难，加大绿化养护管理的成本。

物业公司必须认真审核景观、绿化的设计图纸，从整体景观效果、使用功能、日后养护、管理成本等方面进行综合分析，纠正图纸错误和偏差，以期最终实现"管理方便、养护费用少、绿化效果好"的目标。

园区景观和绿化规划常见的设计错误见表1-3。

（八）绿化用水规划

绿化用水应该本着节约水资源、降低养护成本、取水便利等原则进行规划。

表 1-3　园区景观和绿化规划常见的设计错误

序号	类别	常见的设计错误
1	影响景观效果的设计错误	（1）设计中未注明松树类的具体名称，因各类松树形状相差甚远，从设计中不能看出将来的效果 （2）选用的花灌木类品种无设计图纸，无法综合其绿化关系及效果 （3）在同一处种植同科植物（如玉兰、二乔玉兰、元宝枫、五角枫），因为这些植物的株形、叶形类似，景观效果也类似，在同一处种植会影响景观效果 （4）同一地段中，不同种植块的树种组合有同种的重复种植 （5）宿根花卉（如福禄考、鸢尾等）种植面积过大，这会造成晚秋至初春时段5～6个月的时间有较大面积黄土裸露而影响景观。又因为设计在路边或道路转弯处，在黄土裸露时期易被人穿行踩踏，影响来年的返青发芽 （6）灌木图中与乔木图中的部分树种重复，且其中绝大部分因株形比较大，不适宜作乔木的基础种植 （7）乔木下种植"色块"。其视觉效果不佳，不宜将乔木种在"色块"中 （8）设计中的草花、时花较多。这类花卉每年需种植2～3次，若种植面积过大，则费工费时、养护成本大，可适量改种草坪、宿根植物（但应是小面积）或改种相应的灌木 （9）种植龙柏做"绿篱"。因龙柏株体不直，不宜做"绿篱" （10）整体设计中相似树种使用过多，似乎仅是为了凑品种，如绿柳与垂柳、毛杨与青杨、元宝枫与五角枫、三桠绣线菊与绒毛绣线菊等
2	不便于管理的设计错误	（1）因不易存水、难以养护等原因，应取消绿化丘设计，可采取平面种植，通过人工修剪达到"丘"形效果 （2）波峰型种植草坪存在以下问题（尽量不采用此种设计） ① 倾角太大，上部不易存水，难以养护草坪 ② 波谷间容易存水和积存污物，若排水不畅，会使草坪死亡 ③ 波峰间距小，割草机割刀的长度是最小为50厘米的直形刀，难以将峰顶和谷底修剪成圆形 ④ 草坪中铺装的花岗石板小路，每块石板的间距不足65厘米，不便于割草机通过 ⑤ 建立栽种植物的绿化池的高度过高或过低
3	选择植物品种的错误	（1）设计图中选用了不适宜本地区种植的树种 ① 白桦，适宜生长于海拔高的山区 ② 梅树，适宜生长于长江中下游地区 ③ 菩提树，适宜生长于西双版纳地区或北方温室 （2）选用了本地区市场少见且价格较贵的树种，如朴树、槲树、朝鲜溲疏等，这些树种均难以购得 （3）选用的树种偏少，使得绿化效果单调 （4）部分区域设计种植密度过高，不利于树木生长 （5）绿篱及色带选用过多，导致养护费用增加 （6）用水杉作为行道树，遮荫效果差，在定植后小树枝会大量死亡，几年后才能恢复，致使株型不一致
4	种植设计错误	（1）常绿树中雪松、白皮松、华山松等与其他树种的间距不足5米。因其为强阳性树种而影响树形（若为单一树种的纯林则例外） （2）玉簪、紫萼等种植在阳光直射处，因其性喜半阴而在强光下褪色并产生日灼（应种植于大树下或楼北侧）

续表

序号	类别	常见的设计错误
4	种植设计错误	（3）各楼单元门前的种植设计显得凌乱。每个单元门口两侧的种植应有一定的规律性和对称性，应考虑株型的匹配，品种不宜过多；每座楼应有标志性的种植物 （4）在不应较高的树池种植乔木。随着树木增长，树根会将树池拱裂 （5）大型乔木的种植点距建筑物距离不足5米，如窗前种植的竹林距离太近而影响采光 （6）某些地段常绿树的种植间距偏小（有的间距不足4米），使下部枝条因为缺少光照而枯萎 （7）在花钵内种植西府海棠等灌木，因其株型较大，易被风刮倒，且花钵养护费用较高

① 绿化用水水源有自来水、中水、雨水三种。为降低养护成本，节约自来水，小区应建设地下雨水收集池（较大的小区至少应建设两个），蓄水容积要足够大，不仅能够收集雨水，还要能够收集景观水池中的废水。

② 将收集来的池水通过水泵管路与设计中的喷灌管网连接，进行喷灌。如果没有喷灌管网，也可进行人工浇灌。此外，无论有无喷灌管网，均应在小区各楼前后、道路两边的交叉位置和适当间距（以70米左右为宜）设置取水点，以解决喷灌死角用水或人工浇水问题。各楼单元门口通道两侧的喷灌要考虑不影响人员出入。

③ 地下雨水收集池的位置，一般应设在小区雨水总排泄出口处。

④ 自来水价格高自不必说，中水要达到浇灌的标准，其成本也很高。对于人口密度小的高档小区，中水的产量少，不能满足绿化的需求。所以小区的绿化用水应把收集雨水及景观废水作为辅助手段，尽量节约水资源。

⑤ 为了节约水资源，应采用喷灌方式。因为喷灌方式一般可节水40%左右，所以如果有可能，物业公司应尽可能争取开发商投资喷灌建设。喷灌管线有地埋式和地表敷设式，后者可节省投资，在北方冬季可以收进室内保管。

上述绿化用水的各类问题均应在审核设计图纸时加以关注，这些问题如果不解决好，势必会给后期的绿化养护管理工作带来困难和经济损失。

（九）辅助设施规划

辅助设施主要包括社区文化和公益宣传栏、公告牌、信箱、垃圾桶等，这些设施都是由开发商投资提供的，但物业公司要根据以往的管理经验，向开发商提出具体建议和要求。辅助设施规划要点如图1-5所示。

（十）公共区域照明及景观照明控制规划

住宅小区道路、公共区域照明及景观照明的控制方式必须科学、合理。选择了控制方案也就决定了以后的运行和管理模式，这不仅关系到日后运行、管理和维护是否方便，更重要的是关系到能否在满足不同照明要求的前提下，大量节约电能，降低物业经营成本。

1. 划分照明区域

① 视小区占地面积大小，将园区划分成两个或两个以上的控制区域，对每个区域内的道路照明、公共区域照明和景观照明分别进行分类控制，使其面、线、点层次清晰，不但便于运行管理和维护，也可避免因故障而造成整个园区的公共区域无照明。

要点一 社区文化和公益宣传栏

社区文化和公益宣传栏一般应安装在小区的休闲活动中心区，在与中心区的景观相协调的原则下，物业公司向开发商提出宣传栏的式样、长度和高度要求。在与周围照明相协调的原则下，物业公司应提出对宣传栏的照明要求。注意因宣传栏安装在室外，必须采用不锈钢材料制作

要点二 公告牌

公告牌一般安装在小区主出入口处、主要通道处或电梯厅，为了整齐美观，物业公司应提出长、宽、高的具体尺寸要求。室内安装的公告牌一般为长方形，以四张A4纸（足够发布公告或通知用）大小的幅面比较适宜；室外安装的一般为公示小区平面图或其他公告，其尺寸需要相对大一些。但不论室内还是室外安装，均应以不锈钢材料制作。物业公司应根据不同安装情况，分类统计广告牌的数量、尺寸，报告开发商

要点三 信箱

信箱也应以不锈钢材料制作，可以安放在整幢楼的一层大堂内，也可以安放在每个单元入口的避风阁内。采用第二种方式的信箱可以设计成两面开箱的形式，即住户可以在避风阁内取出信报，投递员可以将信件和报纸放进箱内，而不必使用"门禁卡"进入单元内，这就大大增加了安全防范的功效。当然，因小区楼宇的形式不尽相同，对信箱的形式、数量、安装方式的要求也不尽相同，所以物业公司应将信箱分类，向开发商提出不同的具体要求

要点四 垃圾桶

垃圾桶有不同的样式，室外安放的垃圾桶的式样和色彩应与周边环境相协调。物业公司应将所需垃圾桶的数量和式样以报告形式向开发商提出

图1-5　辅助设施规划要点

② 将每个控制区域的照明按使用功能划分等级，再按照不同使用功能结合实际情况（如建筑物的分布、道路的长短、景观要求、照度要求、照明时间等）划分支路，不同功能的支路不得混合。

③ 将具有相同使用功能的照明进行分组控制才能达到既满足用电需求又节能的目的。

2. 按照使用性质划分照明等级

按照使用性质划分照明等级见表1-4。

表1-4　按照使用性质划分照明等级

序号	等级	具体说明
1	Ⅰ级照明	Ⅰ级照明是用于安全管理及交通的照明，还可以进一步细分为Ⅰ-1级照明和Ⅰ-2级照明 （1）Ⅰ-1级照明是不扰民、高照度的照明，其照明范围是小区围墙和大门区域。Ⅰ-1级照明要求彻夜照明，并达到足够的照度，但不能对邻近住户造成光污染、使灯光扰民，同时还要满足治安监控及夜间巡逻的需要 （2）Ⅰ-2级照明是不扰民、柔和照度的照明，其照明范围是小区园内主干道、通道。Ⅰ-2级照明是为保护行路人安全及夜间巡逻的照明，要求彻夜光照柔和，既能让行人看清路面，又不会使灯光扰民

续表

序号	等级	具体说明
2	Ⅱ级照明	Ⅱ级照明是用于绿地、景观及节日的照明，还可以进一步细分为Ⅱ-1级照明和Ⅱ-2级照明。 （1）Ⅱ-1级照明是有安全管理要求的照明，其照明范围包括小区内外水系边、小桥、梯级路等易使行人发生意外的场所，要求彻夜照明 （2）Ⅱ-2级照明是一般性的照明，其照明范围包括道路、绿地内、林木间、水下灯、景观等 （3）楼内大堂的照明有两种使用功能，一种是单纯的照明作用；另一种是美化（景观）作用。当两者均有时，在控制上应加以区分，实行分别控制（大堂内的景观照明属于Ⅱ-2级）
3	Ⅲ级照明	Ⅲ级照明是用于园区内功能性活动场区的照明，包括节日灯、游乐场、休闲场、健身场等处的照明。Ⅲ级照明既属于一般性照明，又属于小区园景美化整体的一部分，所以对它们的设计要求归入Ⅱ-2级中

3. 重要节日的照明

① 所有节日彩灯及情景照明、功能性照明灯均处于全工作状态，24：00后可适当延长关闭时间。

② 一般节假日可开启部分节日灯，24：00后可关闭。

③ 平时不开启节日彩灯，有选择地开启景观灯、绿地内的灯，但在23：00后可关闭。楼群之间的通道照明也应在23：00后关闭。

④ 高档楼内大堂的景观照明常由多个不同形状、不同光色的灯具按照特定的几何形状布置，所以也要分为相应的支路进行控制，才能实现普通照明与景观照明的区别使用，以达到节电的目的。

4. 控制方式

为了实现上述三种等级的照明功能，在相同功能支路分组的基础上，每组的控制方式是时钟控制+手动控制。

这里要求的是"时钟控制"，而不是"时间控制"，即采用时钟控制器，而不是普通的时间继电器。因为对于一个较大型的小区而言，道路、公共区域、景观、节日灯的支路繁多，又有不同的使用要求，而且不同季节的开灯时间也不同，单凭时间继电器是不能满足自动控制要求的。为了减少人工管理的烦琐及达到最大化节电的目的，必须采用时钟控制。手动控制是对时钟控制的补充，当自动控制出现故障时，以手动方式控制照明。

小区围墙灯属于Ⅰ-1级照明，对于较大型的小区，围墙灯的数量多，不仅要求分段控制，还应在分段的同时进行"隔盏"控制，以满足在不同时段内开灯数量不同的要求。既能满足照明需要，又能达到节电的目的。

5. 设计图纸审核

在审核设计图纸时，物业公司一定要把握不同使用功能的支路不得混合的要领，还要强调三相负荷平衡的问题。审核设计图纸的过程中，出现最多的有以下几个方面的问题。

① 不同使用功能的支路混接，如道路照明和景观照明混接、此区域的照明支路同另一个区域的照明支路混接、休闲娱乐场地的照明与道路照明混接等。

② 有的支路过长，连接的灯具数量过多。

③ 园内主干道高杆灯的间距过密，只有10米左右。适宜的距离为20～25米。

④ 有些楼前通道的高杆灯正对一层住宅的窗户，易对住户造成光污染。解决的方法是尽量避免灯光直射住户的窗户，选择光线柔和的灯具。

⑤ 高档楼内大堂的灯饰过分强调美化效果，灯具数量过多，单个灯的功率过大。

⑥ 在支路组合时，未充分注意将三相负荷尽量平均分配，致使三相负荷有较大的不平衡。

（十一）水、电、气等的供应容量

水、电、气等供应容量是项目规划设计时的基本参数。人们生活和工作质量的提高与改善，必然不断增大对水、电、气等基本能源的需求，在规划设计时物业公司就应提醒设计人员，要充分考虑到地域特点和发展需要，要留有余地。若硬套下限的国标进行设计，会导致不能正常使用或造成事故。

例如，现在出现的跃层式大套型房屋，8千瓦/户的电容量经常不够用，如不在设计时加以注意，往往会造成住户刚入住不久就申请增容，这样会给物业管理和业主带来不便和经济损失，同时在办理临时用电转正式用电工程中，又需要大量时间、精力及财力。又如在宽带网流行的今天，有的新建小区因所处位置偏远，暂时无法接通宽带网络，那么在规划设计时物业公司就要提醒设计人员预先设计好宽带网络的线路和家庭接口位置，将来一旦开通，业主更可即插即用，从而避免了明线安装，方便了业主。

（十二）安全保卫系统

规划设计时，对安全保卫系统应给予足够的重视。在节约成本的前提下，尽可能设计防盗报警系统，给业主们创造一个安全的居住环境。如最好用报警系统替代防盗网，因为各式各样的防盗网不仅影响美观，而且一旦发生火灾，会妨碍逃离现场。

（十三）消防设施

在建筑设计中，消防设施的配套设置是有严格要求的。自动灭火器位置、自动报警机位置、安全出口、扶梯以及灭火器、沙箱等应利于防火、灭火。物业公司则更着眼于各种消防死角。例如楼的通道部分、电缆井部分在消防设计中一般都考虑不周，自动喷淋装置也不可能顾及到每个角落（当然电路部分是怕水的），所以物业公司应建议在这些地方配备灭火器（电器部分应用二氧化碳灭火器）或灭火的沙子（最好用箱子装）。

（十四）建筑材料和主要设备的选用

建筑材料和设备的选用涉及工程质量、造价、维修管理和房地产销售。物业公司应根据自己在以往所管楼宇中所见建筑材料和设备的使用情况、优缺点，向设计单位和开发商提交一份各品牌、型号的建筑材料及设备的跟踪报告，以便设计单位择优选用。例如高层住宅中电梯型号的决定通常由设计人员根据国家标准（常常取下限）直接选用，然而在高层住宅的销售和使用过程中，电梯是业主非常关心和敏感的问题，事实证明，适当放大电梯尺寸，虽然增加了部分投资，但却在日后使用过程中更加方便，并能提高整幢建筑物的档次，对房地产销售会起到意想不到的促进作用。又如部分商业建筑中，在用电容量和专用变压器的选择问题上，设计人员由于缺乏市场经验，时常选择的变压器型号过大。物业投入使用后，用电功率因数低于国家标准，每月物业公司被罚金额惊人，企业增加了不必要的支出。

因此，规划设计时，对建筑材料和设备的选用，物业公司很有必要根据自己的实践经验提出专业化的建议，从而让建筑材料和设备的选用更加合理、更加科学。

总之，在设计阶段，物业公司选派工程技术人员参加工程规划设计的目的，是从有利于投资、综合开发、合理布局、安全使用和投入使用后长期物业管理的角度进行参谋，并提出建议。

四、规划设计评估

对物业规划设计介入的一个重要方面就是对规划设计图纸进行审核。规划设计阶段评估的内容包括总体设计、安保布局、消防布局、交通布局、生活配置、设备配套、新材料、新技术、管理用房、生态环保、公共空间、景观配置、绿化配置、室内配置、房屋单体、智能化配置各种管路铺设合理性、消防系统、垃圾储存点等生活配套设施的分布、道路规划、网点房的分布等方面。以下从住宅物业的角度来描述规划设计评估的内容。

（一）总体评估

总体评估的标准主要包括以下几个方面。

① 住宅区规划功能区分合理，居住私密性和社区交流协调。
② 住宅区道路交通规划合理，车流和人流兼顾，停车位充足。
③ 住宅区建筑与自然和谐，采光、通风充足，环境优美。
④ 住宅区生活便利，基本生活配套齐全，出行便捷。
⑤ 住宅区设备、设施保障充分，水、电、煤、电信、广播电视、电梯、污水处理等必备资源可靠、完善。
⑥ 住宅区注重环境生态，使用环保、节能等材料、设备设施。
⑦ 住宅区安全防卫设计完备，运用先进技防手段，安全及消防配置充分。
⑧ 住宅区智能化配置先进，网络资源充分，便于数字化小区建设。
⑨ 住宅区便于组织物业管理，节约管理成本。
⑩ 各项技术经济指标在同类住宅区中水平领先。

（二）分类评估

分类评估的内容及要求见表1-5。

表1-5 分类评估的内容及要求

序号	评估项目	评估细则
1	安保布局	（1）便于安保管理区域分割，消除管理死角 （2）便于安保管理视线的巡查，避免管理的盲点 （3）人员及车辆各级出入口设置清晰，便于动态管理 （4）安保设备设施配置齐全，可采取有效措施防范 （5）安保技防措施完备，形成多层次的安保体系，信息汇总通畅，反应快速（详见智能化设备的要求）
2	消防布局	（1）消防设备、设施配置（灭火器、消防箱、室内/外消火栓、消防泵、烟感、自动喷淋等）充分合理，使用可靠 （2）消防车道设置合理，其位置及转变半径符合国家规范 （3）消防登高面（场地）设置合理，其位置及面积符合国家规范 （4）消防通道、门、墙、避难区设置合理，符合国家规范

续表

序号	评估项目	评估细则
3	交通布局	（1）各级道路的功能分配充分合理，有层次感，线路清晰，便于分流管理 （2）主要道路和出入口人车分流，在设计和设施配置上考虑到限速要求及回车余地 （3）机动车车位（一般住宅不少于户数的2∶1配置，另加访客车位占车位数的5%，联排别墅等高标准住宅应按户数的1∶1配置，另加访客车位占车位数的10%）和非机动车车位配置充分（一般住宅不少于户数的1∶1.5），便于停放 （4）有条件的，宜设置地下机动车停车库，应符合国家规范
4	生活配置	（1）根据小区周边（1千米范围）市场、商业配套状况设置充足的市政、商业用房 （2）一般应考虑超市、菜市场、医疗、教育、邮政、银行、餐饮、美容美发、建材、文化娱乐、交通等的配套服务功能 （3）如住宅区设置商业配套，宜独立集中，并事先规划商业功能的划分和商业经营的配套条件，应尽量避免产生干扰，如利用住宅层设置营业场所，出入口或楼梯须与住宅分开 （4）如住宅区设置会所，宜独立设计会所面积，活动项目宜根据住宅区面积、档次、经营方式合理配置。例如：一般10万平方米以上的住宅小区宜设置项目包括健身房、乒乓球室、阅览室、儿童活动室、棋牌室、桌球室、多功能厅等，面积在400平方米左右。住宅区建筑面积每增加10万平方米，会所面积增加200平方米
5	设备配套	（1）水、电、煤、电信、广播电视、污水处理等的设计容量应能满足使用需要，并留有适当扩展余地 （2）配电、水泵、电梯、中央空调的设备定型成熟可靠 （3）沟、管、渠、井的设置合理，便于维护保养 （4）公共照明、楼道照明配置合理，公共照明数量、亮度、位置合适，宜采用节能装置。对于楼道照明，十层以下住宅宜采用节能自熄开关，十八层以上高层住宅宜设疏散诱导照明和灯光疏散指示标志 （5）配电房、水泵房、电梯机房、中央空调机房等设备房设计应符合国家规范。水泵房不应设在住宅建筑内，水泵房内不应有污水管穿越，电梯井紧邻书房及起居室时，应采取隔音措施
6	智能化配置	（1）安保智能化一般可配置红外线周界防越系统、门禁可视对讲系统、小区巡更系统、电视监控系统、车辆道闸管理系统、室内紧急呼叫系统、电梯内紧急呼叫系统、居家安防系统等，并与中央控制中心联网 （2）网络智能化一般可配置社区宽带、电子公告牌、社区物业管理网络平台、家电远程控制系统 （3）设备管理智能化一般可配置公共照明管理系统、停车库管理系统、电梯运行状态管理系统、消防管理系统、配电及给排水管理系统、家庭表具管理系统、煤气泄漏报警系统、紧急广播系统等，并与中央控制中心联网 （4）中央控制中心位置宜设于管理部内，或与管理部相邻，布线系统应充分考虑与中央控制中心的距离和由此造成的信号衰减 （5）智能化设备和技术应考虑技术先进性、设备标准化、网络开放性、系统可靠性及可扩性，采用成熟产品
7	房屋单体	（1）屋面应充分考虑到防水及隔热效果，可上人屋面及屋顶花园应满足其特殊要求 （2）墙体应充分考虑到防水、隔热、隔音效果

续表

序号	评估项目	评估细则
7	房屋单体	（3）楼板厚度与隔音符合国家规范 （4）住宅分户门宜采用统一制作的安全防卫门 （5）住宅外窗应考虑开启方便，尺度（安装空调要求）适当，隔音防水效果好，不宜近距离直接面对其他住户的门窗 （6）厨房设计应遵循洗、切、炒的流线，操作面长度宜在2～3米，燃气热水器位置合理，灶宜避开窗口设置 （7）卫生间不应直接开向起居房，餐厅或厨房不应布置在下屋住户厨房、卧室、起居房和餐厅上层，有上下水的洁具宜尽量避开卧室墙面布置 （8）厨房、卫生间隔楼板及墙身应充分考虑防水隔音设置，地漏位置合理，便于检修 （9）管道、管线布局合理，互不干扰碰撞，尺寸符合国家规范，管道井检修孔应设置合理，便于检修 （10）宜采用垂直烟道，断面尺寸充分（一般不少于250毫米），应有防止油烟回流和串烟措施，出屋顶的出风口高度适中，高层宜安装无动力风帽 （11）底层地坪应充分考虑防潮 （12）房型设计应考虑生活习惯，不宜引起装修时的大改动（敲墙、再次分隔等） （13）有上部屋面阳台或管道可直接下至下一层屋面（阳台）时，应考虑防盗措施 （14）阳台栏杆或栏板高度合理（一般不少于1.1米），宜采用垂直栏杆，杆间距小于0.1米，防止儿童攀爬
8	室内配置	（1）空调室内机位设置合理，应与家具布置一并考虑，卧室内应避免对床直吹 （2）空调室外机位应考虑外墙美观、设置统一机座、安全隐蔽，距离过近而对吹的室外机应相互错开，与邻套住宅机座相邻时，应采取安全隔离措施 （3）空调机冷凝水和隔霜水应设专管排放，或接入阳台排水系统 （4）室内空调洞位置合理，应靠近室内机位，管中应距地2.2米左右，向外倾斜10度左右 （5）当户型或厅房过大时，应考虑安装柜式空调 （6）如使用小型中央空调，层高应大于3.3米，并留有室外机位置 （7）室内各类插座、开关位置合理，应与家具布置和使用习惯一并考虑，配电箱配出回路设计、分配合理 （8）电视、信息（电话和数据）插座宜在主卧、起居、书房分别设置，且不宜并行设置 （9）联排别墅及跃层宜在二层设置进户对讲 （10）高档住宅宜考虑居家安防系统的配置及扩展功能
9	绿化配置	（1）绿化布局合理，乔木、灌木、花、草的配置层次丰富，数量品种充足，造型优美 （2）绿化率、集中绿地率设置合理，分布均衡，集中绿地位置适中，便于人流自然汇聚 （3）绿化品种适宜当地气候条件，以变色观叶植物为主，茂盛期长，成活率高，抗病虫性好 （4）绿化品种便于养护，养护成本低 （5）绿化布局应不遮挡住宅采光，便于通行 （6）绿化品种宜无污染，兼具吸收有害污染功能（如尾气） （7）主干道两侧及集中绿地宜有大型树木

续表

序号	评估项目		评估细则
10	景观配置		（1）景观装饰布局合理，宜处于相对人流集中的区域 （2）采用水景应考虑水系的水质、清理、排泄、补充、养护 （3）水系岸床设计应考虑防渗漏效果 （4）不宜在小区内设置深度超过1米的水系，并要设防护或警示。如利用自然河道水系超过1.5米，还应配置相应的救生设备、设施 （5）景观装饰应便于清洁、养护，宜采用牢固度较高，不易污染、损坏、变型、破旧的材料 （6）泛光照明不影响住户，不造成光污染
11	公共空间		（1）应充分考虑雨水排泄能力的设计，避免排泄不畅通 （2）宜设置可开展社区活动的集中场所及避难场所 （3）公共活动区域分布合理、均衡，位置适中，并尽量减少对住户的影响 （4）绿化及保洁用水取水口设置合理（一般距离不大于150米） （5）各类表具、表箱设置合理，便于查看、收发楼道内应设置公告栏，宜预留牛奶箱、休闲椅位置，室外信报箱应有防雨措施 （6）楼宇入口处及公共场所宜考虑残障人员出入，宜设置无障碍通道和设施 （7）公共空间的道路、踏步、坡道应考虑老人、小孩等行动不便人员，宜设置相应保护措施 （8）高层住宅通至屋顶平台宜为普通玻璃门 （9）楼道、楼梯、过道要便于家具搬运，确保人员不易碰撞
12	生态环保		（1）住宅区内无污染环境的生产性经营项目，无各类污染源 （2）住宅区内污水处理排放符合国家规范 （3）住宅区周边应无直接或间接严重影响住户的污染源 （4）住宅区宜采用对太阳能、雨水、绿化枝叶等的再次利用技术 （5）住宅区垃圾收集宜按有害、有机、无机进行分类收集，宜采用垃圾压缩或生化处理技术 （6）住宅区内垃房及变电房、煤气调压站或其他信号发射装置应设置在隐蔽的位置，尽量不影响住户及环境 （7）宜在住宅区内形成自然生态链
13	管理用房	物业管理处	（1）管理中心功能：经理室、接待区、资料室、办公区、会议室、卫生间、中央监控 （2）作业用房功能：保安值勤室、用具房、维修清洁绿化工具房、员工休息室、员工生活用房 （3）总面积：根据住宅区管理面积和功能配置（各地法规要求不一样），一般管理部用房面积=住宅区总建筑面积/100×0.2
		业委会、居委会（根据当地政策）	（1）功能：办公室、资料室、会议室、接待室 （2）面积：根据具体情况而定 （3）位置：和管理部相对接近，业委会与居委会可联合设置于一处
14	新材料、新技术		（1）应尽量采用较为成熟并有先例的新材料、新技术 （2）试验性新材料、新技术应充分论证，先行试点 （3）采用新材料、新技术应预留充足备品备件 （4）采用新材料、新技术应便于以后的维修养护，成本低

续表

序号	评估项目	评估细则
15	管理成本测算	（1）对规划应充分测算今后产生的管理成本 （2）管理成本应与市场上类似住宅接近，如因规划设计原因造成差距过大，应知会地产商共同协商，相应改进规划、设计
16	与相似典型项目的比较	（1）相似点 （2）差异点 （3）优势 （4）劣势 （5）改进建议

（三）注意事项

在进行施工图设计之前，物业公司把意见提供给设计部门，并说服其接纳，这种情况是最理想的。当然，物业公司顾问人员在提建议或意见时要注意措辞、语气、态度，要顾及设计人员的面子。如果物业公司熟悉设计规范，有事实支持自己的观点，就会更容易说服设计部门采纳其意见。

第三节 项目施工阶段介入

在项目施工阶段介入的目的是从物业管理和使用的角度对施工、设备安装的质量进行监管，这一阶段的重点工作是掌握隐蔽工程、配套工程关键部位的材料选择和施工质量，及时向开发商提出改进建议和防治措施，以提高业主在后期使用过程中的满意度，减少维修成本，一定程度上可以提高项目建设单位的知名度及信誉度，同时可以避免给物业公司的后期管理及服务带来不必要的麻烦。

一、物业公司在施工阶段介入的责任

物业公司在建设施工介入的工作责任主要体现在以下几个方面。

① 从用户角度参与对设计的修改、洽商，跟进各项设计在施工中的落实情况，及时根据实际情况提出调整，改进不合理设计和不合理施工，所有这些都应进行记录。

② 协助监理单位对各项工程施工质量进行监督，建设优质物业。各专业工程技术人员要深入现场，跟进工程进度，不仅要检查施工质量，更重要的是要通过跟进施工掌握隐蔽工程的状况。

③ 掌握水、电、气、暖、通风、空调、各类弱电工程（消防监控系统、安防和电梯监控系统、通信和宽带系统、有线电视系统等）的管线关键部位的布局和走向并进行记录，这对日后的管理和维护非常重要。

④ 协助开展工地管理，维持秩序，保障施工通道的畅通，对施工现场的安全防火进行监督、管理等工作。

⑤ 对材料、器材、设备的质量、品牌进行验证，避免施工中使用质量差的材料、器

材、设备。

⑥ 在设备的安装、调试阶段，物业公司各专业工程技术人员必须深入现场，跟踪工程进度，以充分了解设备的技术状态和技术性能。

二、物业公司在施工阶段介入的角色

物业公司作为工程竣工以后房屋和设备设施的管理者，在工程施工阶段介入施工过程，有着它独特的作用。为了以后正常地管理房屋和设备设施，物业公司会更专业、更直接地提出工程质量问题。在施工阶段，有开发商（大业主）、施工方、监理方、建设方。物业公司是受开发商（大业主）委托，检查工程质量，它是业主的检查员、观察员，向开发商提供发现的问题。

物业公司在介入施工时，应明确自己的责任和位置，发现工程质量问题时要按程序提出意见，既要负起责任来，又要避免"越位"现象，这样才能处理好开发商、监理公司、物业公司及施工单位之间的关系。因为物业公司和监理公司、施工单位没有合同关系，如果物业公司与监理公司、施工单位的关系处理不好，就会被排斥，不利于熟悉、了解工程情况，查找工程质量缺陷。

物业公司在早期介入阶段是代表业主的质量检查员，但无权直接要求施工单位整改。物业公司也不能侵犯监理公司的权利。物业公司应把检查出来的质量问题列成清单，向开发商汇报，由开发商向监理公司反映，再由监理公司向施工单位提出要求。物业公司就好像一个观察员，以第三者的身份观察施工质量问题，并及时汇报给开发商，避免和监理公司、施工单位发生摩擦。

三、施工阶段介入的时机

物业在施工建设阶段的介入主要侧重于项目土建工程的尾声，即在设备、门窗安装阶段，时间上大致在竣工验收前5个月。

四、施工阶段介入的方式

物业公司在施工期介入的方式有以下几种。

① 成立介入小组，一般2～3人，专业组人员的专业要搭配合理，具有水、电、气专业知识和良好的沟通技巧，并经过相关工作的培训。地产项目部应设定专人与物业对接，及时回复物业的建议。

② 介入小组按照施工安装进度进行现场跟进，发现问题及时与地产、施工方等进行沟通解决。要建立对日常各项工作的监督和记录制度，通常可通过建立一套报表体系来实施，报表包括的主要内容有工作计划、检查情况及对问题处理的建议。

③ 实行填报前期介入情况周报制度，将在施工现场发现的问题以周报的形式书面呈报给地产相关部门，并跟进所呈报问题的解决情况。

④ 物业公司要定期参加地产公司组织的项目现场工作协调会，及时沟通相关问题和进度。

⑤ 物业对介入中发现的重要问题应以书面报告的形式上报给地产公司领导，并跟进问题的整改落实情况。

五、施工现场巡查与整改

物业公司在施工阶段通常要派出工程技术人员进驻现场,对建设中的物业进行巡查、了解和记录,并参与施工工程例会,了解项目施工进度和施工质量,对常见施工问题进行重点跟踪,对施工过程中发生的不合理的现象适时提出意见或建议。

(一)现场巡查的内容

物业项目在施工及设施设备安装期间,要进行详细的巡查,巡查的重点见表1-6。

表1-6　工程部现场详细巡查的内容

序号	巡查重点	巡查标准
1	主体	房屋结构无裂缝、沉降符合有关规范,外墙瓷砖缝隙水平、垂直,不得渗水。可参见《建筑工程施工及验收规范》,各种避雷装置的所有连接点必须牢固可靠,接地电阻值必须符合要求
2	屋面	(1)各类屋面排水畅通,无积水,不渗漏 (2)平屋面应有隔热保温措施,三层以上房屋在公用部位应设置屋面检修通道。排水口、出水口、檐沟、落水管应安装牢固,接口平密、不渗漏 (3)防水卷材接口密实、不脱落,排水管畅通
3	墙、地面	(1)找平层与基层、墙体必须粘接牢固,不空鼓 (2)整体墙地面层平整,不允许有裂缝、脱皮和起砂等缺陷,梁底天花板表面平正、接缝均匀顺直,阴阳角线脚顺直、无缺棱掉角
4	卫生间	(1)阳台、卫生间地面与相邻地面的相对标高应符合要求,不应有积水,不允许倒泛水和渗漏,低于客厅地面2厘米左右,穿楼排污管加套管,方便维修 (2)防水层应做24小时闭水试验。靠客厅、卧室墙面防水要做1.8米高度,防止入住后洗澡产生漏水
5	门窗	(1)铝合金门窗应安装平正、牢固,无翘曲变形、摇晃,零配件装配齐全,位置准确,缝隙严密,木门窗缝隙适度 (2)进户门、防盗门垂直,门框内应灌满水泥砂浆并找平,门锁应安装牢固,门、窗、锁开启灵活自如,无晃动和裂缝,玻璃安装牢固,胶封密实平直,不应有空鼓、裂缝和起泡渗水现象,无明显刮花痕迹,无损伤,油漆均匀、完整
6	景观	(1)木装饰工程应表面光洁,线条顺直,对缝严密,不露钉帽,与基层必须钉牢、无爆裂木材料 (2)水景山石安装牢固,排水畅通。园林、喷泉、瀑布、人工湖,要设置给排水功能,花基、花槽要有排水,园林要有合理的给水点和电源备用点,分区、按栋或片的独立控制、独立电表计量 (3)游乐设施安装牢固,面漆完好均匀,无脱皮、无锈迹、无裂纹、无折损,配置使用安全警示指示牌
7	电气	(1)电气线路安装应平整、牢固、顺直,过墙应有导管 (2)导线连接必须紧密,必须采用管子配线,连接点必须紧密、可靠,使管路在结构上和电气上均连成整体并有可靠的接地。每回路导线间和对地绝缘电阻值不得小于1兆欧/千伏 (3)漏电开关、照明开关开启灵活,应符合《低压电气装置规程》的有关要求 (4)路灯、景观灯安装牢固,完好无损,工作正常,灯柱、配电箱安装牢固、垂直,油漆完好,路灯、小区各种灯光按区、按栋或按片、按盏进行控制

续表

序号	巡查重点	巡查标准
7	电气	（5）园林艺术灯光，要安装牢固、合理分控、标志清楚，尽量少安装埋地灯 （6）推广节能灯，减少室外灯漏电跳闸，保障可靠照明，配置定时开关及独立的电表计量
8	电梯	（1）电梯机房地面刷绿漆，机房地面、墙表面光洁平整、明亮，墙面、天花板刷乳胶漆 （2）配置电梯机房牌、警示牌、消防器材、温度计、工具箱、记录箱、防潮灯、应急灯、防鼠板和防鼠设施，电梯机房有完好的通风降温设施 （3）电梯管井底要有积水井，安装自动潜水泵装置，安装有独立的计量电表 （4）电梯应能准确启动运行、选层、平层、停层，曳引机的噪声和振动声不得超过规定值。制动器、限速器、按钮等其他安全设备应动作灵敏、可靠 （5）安装的隐蔽工程、试运转记录、性能检测记录及完整的图纸资料均应符合要求
9	供水、排水、排污、消防	（1）管道应安装牢固，各种仪器、仪表应齐全、精确，安全装置必须灵敏、可靠，控制阀门应启闭灵活，闭合严密，无滴漏 （2）水压试验及保温、防腐措施必须符合要求 （3）主管与支管应安装水表，单独计费。消防水箱进水管阀门检查设置应便于检修 （4）卫生间、厨房内的排污管应分设，地漏、排污管接口、检查口不得渗漏，坡度适中、管道排水必须流畅 （5）卫生器具质量良好，接口不得有跑、冒、滴、漏现象，安装应平正、牢固、部件齐全、制动灵活 （6）消防管道设施必须符合要求，并且有消防部门检验合格证。管道的管径、坡度及检查井必须符合要求，管沟大小及管道排列应便于维修，管架、支架、吊架应牢固，管道防腐措施必须符合规定 （7）室外排水系统的标高、窨井（检查井）设置、管道坡度、管径均必须符合要求 （8）管道通过公路应做钢筋水泥保护，井盖应搁置稳妥并设置井圈 （9）化粪池应按排污量合理设置，池内无垃圾杂物，进出水口高差不得小于5厘米。立管与粪间的连接管道应有足够坡度，并不应流过两个弯 （10）明沟、散水、落水沟头不得有断裂、积水现象
10	道路	（1）房屋入口处道路与主干道相通 （2）路基稳固、路面不积水，铺砌砖、沥青不空鼓。路面排水畅通、路面砖采用防滑材料 （3）路面平整，无水泥块、无起砂、断裂，路牙石砌筑整齐，灰缝饱满，无缺角损伤，并用黑色和黄色相间的反光漆均匀地涂刷；块料面层拼砌整齐，平整牢固，无明显裂缝、缺棱掉角 （4）交通标志线、路牌清楚完好
11	水泵房、墙面、天花板	（1）扇灰并刷乳胶漆，机房地面、墙表面光洁平整、明亮 （2）配置各设备标志牌、警示牌、系统运行指示牌、消防器材、温度计、工具箱、防潮灯、应急灯、防鼠板、抽风机等设施齐全 （3）生活水泵、消火栓泵、喷淋泵等泵基座的四周砌筑一条3厘米宽、2厘米深的水沟与积水井相通，排污水管用PVC管直接接至排水沟或集水井，积水井安装自动潜水泵 （4）各种阀门有明显标志、名称、功用（或控制范围）的挂牌；生活水泵、生活用水管道刷绿漆，并用红色箭头标明水流流动方向；消防泵、消防管道和设施刷红色漆，并用红色箭头标明水流流动方向 （5）进水管安装有独立计量总水表。各机房安装独立计量电表、水表

续表

序号	巡查重点	巡查标准
12	高低压配电房	（1）开闭门、墙面、天花板刷乳胶漆，机房地面刷绿漆，机房地面、墙面光洁平整、明亮 （2）设备房配置高低压配电房牌、供配电系统图示牌、警示牌、消防器材、温度计、工具箱、记录箱、防潮灯、应急灯、防鼠板或防鼠设施（如电子猫王） （3）电柜前地面铺宽度1米的绝缘胶垫（高压配电房铺高压绝缘垫），并用黄色油漆在绝缘胶垫的外侧地面标示安全线，其他地面刷绿色地板漆；接地线需用黄绿相间的油漆明显标示 （4）变压器室有完好的通风降温设施和隔热、隔音设施；通风、采光良好 （5）高压配电房配置高压操作杆、高压验电器、高压胶鞋、高压手套、高压接地线（或接地刀）、高压开关检修车，每个高压断路器都有明显标志牌标明控制范围 （6）低压配电房每个低压断路器都有明显标志牌标明控制范围 （7）安装有各路独立计量电表
13	消防控制室和监控中心	（1）地面铺地砖，墙面、天花板刷乳胶漆，机房地面、墙表面光洁平整、明亮 （2）配置消防控制室和监控中心牌、警示牌、消防器材、温度计、记录箱、应急灯、防鼠板和防鼠设施，室内要有良好的采光、通风降温设施，并安装有空调 （3）安装有独立计量电表
14	室外消火栓	（1）消防箱标志清楚，玻璃完好 （2）消防设施配件齐全，消防管安装牢固，标志明显，阀门、油漆完好，无渗漏水，水压充足
15	门牌	（1）栋号、层号、房号清楚 （2）首层大堂信报箱、告示栏、对讲系统齐全

（二）现场巡查要特别关注的事项

为方便以后的物业管理，工程技术人员在现场巡查的时候，要特别对以下项目进行关注，并向相关单位提出一些合理性的建议。

1. 各类机电设施设备配置与安装

要了解委托项目各类机电设施设备的配置或容量、设施设备的安装调试、各类管线的分布走向、隐蔽工程、房屋结构等，并指出设计中有缺陷、遗漏的工程项目，加强常见工程质量通病及隐蔽工程等特殊过程的监控。从业主使用功能角度，注意完善相关设计规划缺陷，包括各类开关、空调位（孔）、插座、排水、预留电源、排烟道、门的开启方向等。

2. 地下室工程

地下室因其结构埋藏于地表以下，受地下水或雨季雨水渗入泥土里形成的水压环境的影响，是渗漏问题的常发部位。因此，物业公司应根据其设计采取的防水施工方案而相应地重点监理以下事项。

① 无论采取何种防水设计施工，基坑中都应保证无积水。严禁带水或泥浆进行防水工程施工。

② 采用防水混凝土结构时，除严格按照设计要求计算混凝土的配合比例之外，应重点检查以下项目。

a. 混凝土搅拌时间不得少于2分钟（用机械搅拌）。

b. 底板应尽量连续浇筑，须留设施工缝时，应严格按照规范中的留设要求和施工要施工，墙体只允许留水平施工缝。

c.后浇带、沉降缝等应尽量要求在底板以下，墙体外侧相应部位加设防水层（可用卷材、涂膜等）；预埋件的埋设应严格按规范施工。

d.养护时间和养护方式应严格监控，此项是承建商经常忽视的工序，但对混凝土的防水能力有较大的影响。

③ 采用水泥砂浆防水层，除按设计及规范施工外，应注意阴阳角应做成圆弧形或钝角；刚性多层防水层宜连续施工，各层紧密贴合，不留施工缝。

3. 回填土工程

回填土工程涉及首层楼地面（无地下室结构的）、外地坪的工程质量，如回填质量不好，将会导致地面投入使用一段时间后出现下沉、损坏埋设管道、地面开裂等问题。因此，物业公司应对此项工程回填土成分、分层打夯厚度进行监控，有问题应坚决要求返工，否则后患无穷。

4. 楼面、屋面混凝土工程

楼面、屋面混凝土工程质量通常是引发楼面、屋面开裂的一个主要原因，也是物业在以后的维修工作中无能为力的问题，所以，在楼面、屋面混凝土工程中，物业公司应重点注意如图1-6所示的两点。

重点一　钢筋绑扎

> 钢筋绑扎是否按图、按规范施工，其开料长度、绑扎位置、搭楼位置、排列均匀等出现问题，均会造成以后楼板的开裂，特别是楼板的边、角位置、悬挑梁板的钢筋绑扎应重点检查，同时应监督施工单位切实做好钢筋垫块工作，以免出现露筋现象

重点二　混凝土浇注

> 除开发商的监理人员注意按施工规范监理施工外，物业参与监理的人员应重点对厨房、卫生间的地面浇筑进行监理，有剪力墙结构的应重点监督。如这些部位施工出现问题，通常会引发厨房、卫生间地面、剪力墙墙面出现大面积渗水，还会出现难以检查维修的问题。如剪力墙因混凝土捣制不密实，出现外墙面雨水渗入外墙面后，在墙体内的孔隙内渗流一段距离后渗出内墙面，导致维修困难，故对以上部位混凝土的振捣应严格监控

图1-6　楼面、屋面混凝土工程的关注重点

5. 砌筑工程

建成物业常有墙体与梁底的结合部出现裂缝的现象，这通常是墙体砌筑至梁底时的砌筑方式不对、砂浆不饱造成的。因此，在砌筑工程中物业公司应对砌筑砂浆的饱满、墙顶砖砌方式进行监督，应把墙顶与梁底间的砖体斜砌，使砖体两头顶紧墙顶和梁底，并保证砂浆饱满。

6. 装饰工程

装饰工程关注的重点如图1-7所示。

7. 门窗工程

木门与墙体接合处，由于材质的差别，经常会出现缝隙，外墙窗户通常会出现窗框与墙体间渗水，这些都是施工问题，应按有关施工规范及设计方案严格监理施工。

重点一 外墙面

外墙面抹灰及饰面施工的好坏常常是影响外墙是否渗水的一个关键。以我国目前的常用做法，外墙面仍未做到对外来雨水作整体设防（无特别的防水层），仅是靠外墙面的砂浆抹灰层、外饰面来防水。因此，物业在施工阶段介入时，要严格监督外墙底层抹灰的实度、外饰面粘贴层的饱满（无空鼓、空壳）、抿缝饱满等方面

重点二 内墙面及天花板

内墙面及天花板通常用混合砂浆抹灰。如混合砂浆中含石灰、纸筋等材料，应注意砂浆的搅拌均匀，以免造成墙体饰面开裂，墙体与混凝土梁、柱搭接处，最好加设砂布等材料后再抹灰

重点三 地面

厨房、卫生间地面，作为湿区应重点监理，注意砂浆密实及查坡泄水方面

图1-7 装饰工程关注的重点

8. 给排水工程

（1）给水工程 现有高层建筑通常采用高位水池供水，其低楼层的供水，常常因高差问题造成水压较大，而设计者通常会在由高位水池通往低层住宅的主管上设减压阀。由于减压阀的自身构造较易被细小杂物堵塞，故建议高位水池出水口的管口不要设为敞开管口式，应改为密孔眼管道入水，以阻挡杂物进入。如供水管道埋设在墙内，则应在隐蔽前做试水、试压试验。

（2）排水工程 以前常用的铸铁管，常因质量问题，出现管壁砂眼渗水、接口渗水，造成使用年限短，导致物业公司维修困难、管理费用增多，应建议改用ＰＶＣ水管。

9. 其他事项

除以上所述事项外，驻场的工程技术人员还应重点关注以下内容。

① 对小区的重要大型设备、设施的供应商，应建议尽量选择供货、安装、调试、售后技术服务良好、有中文使用说明书及联系电话清晰明了、信誉良好的公司。

② 小区基建工程采用批量较大的各种建材；水电器材常规材料和配件等应建议尽量选用市面上普通规格的标准件和通用件，尽量采用国内容易购买的配件材料及型号与规格，方便后期维修。

③ 涉及小区物业的结构、防水层、隐蔽工程、钢筋以及管线材料的，一定要考虑耐久性、耐腐蚀及抗挤压能力，且与监理公司共同把好相关过程控制和验收控制的质量关。绿化带土质的厚度要符合要求。

④ 要与所有参与土建工程、设施设备安装工程、绿化工程和相关的市政工程施工单位、供货商、安装单位，就保质内容、保质期限、责任、费用（维修保证金）、违约处理等达成书面协议，并要求对方提供有效的合法经营及资质证明、产品的产地、合格证明、设备订购合同、材料供货表、采购供应地址及单位联系电话。

⑤ 要检查重要的大型配套设备（包括电梯、中央空调、配电设施、闭路监控系统、消防报警系统、电话交换系统等）的供应单位是否提供了清晰明了的操作使用说明书、联系电话等，并要求对方对物业工程部相关技术操作人员提供正规的培训。

⑥ 物业项目所选用的设备和仪表均应得到有关部门的校验许可证明（如电表、水表须经过水电部门校验合格后才允许使用；有线电视监控系统、消防报警须经过公安部门的安全技防测试，合格后才允许使用；还有消防报警系统、灭火器、电梯变配电系统、停车场、交通管理系统等），要求调试正常运行后才能交付。

⑦ 对大型重要的公共配套设备设独立电表（便于情况分析和成本控制），商品房与办公楼的电源应与各系统用电线路及计量分开，尽量做到分表到层、分表到户，表的位置最好能统一、集中（便于抄表），电话分线分层分户应做好识别标记，合理分配。

⑧ 了解哪些为整体混凝土施工，哪些为以后用空心砖砌成，在以后住户装修中哪些墙不能打，墙体、天花板、地面在哪些位置有管线，在打孔和装修时注意提示。

⑨ 在设备性能方面，比如智能化等，不要因追求卖点而一味追求高科技和功能齐备，这样会造成后期使用华而不实、智而不能，甚至闲置报废，从而引起业主投诉和高昂的维护成本。所以，在厂家选择、设备选型、配件选用方面要简单而实用，设备安装调试要安全合格。

提醒您 ▶▶▶

物业建设工程基本结束，工程开始竣工验收、移交验收和准备入伙及筹备开业时，工程部人员要对正式接手管理做好准备，巡查要更为严格，工作更为细致、周密。全面复查要及时发现未整改项目，以便交接时提出。

（三）现场巡查问题的整改

物业公司驻场工程技术人员应负责将在巡查中发现的重大问题、设计缺陷等及时汇总整理，上报地产公司，地产公司的对接部门通常是设计管理部。

下面提供两份物业公司在前期介入时应发现的施工质量问题及设计缺陷问题，以供参考。

【实战范本1】施工质量问题及设计缺陷问题（专业版）

施工质量问题及设计缺陷问题（专业版）

编制人：　　　　　　日期：　　年　月　日　　　　　编号：

工程名称	
类别	□建筑　□结构　□装修　□景观　□绿化　□配套　□材料　□其他
事件描述及背景说明（图片）	
形成原因分析	
后期提示（经验总结）	

说明：本表单适用于事例性案例、对过程管理方面的案例。

【实战范本2】施工质量问题及设计缺陷问题案例模板（通用版）

施工质量问题及设计缺陷问题案例模板（通用版）

编制人：		日期： 年 月 日		编号：
类别	□建筑 □结构 □装修 □景观 □绿化 □配套 □材料 □其他			
缺陷部位		涉及范围	（产品系列或项目名称）	
情况描述	（图片）		（文字描述）	
形成原因				
改进措施	（文字）		（样板图片适用样板）	
备注				

第四节 项目销售阶段介入

营销策划/销售阶段物业管理的工作目标：与项目开发企业商讨制定合理的物业管理相关项目的收费标准（主要是管理费），协助制定业主公约及管理制度，做好房屋的销售和宣传推广，做好物业管理形象及物业管理品牌的展示，售楼处及样板房的接待、管理及服务，就客户提出的物业管理方面的问题现场答疑等。

一、营销策划介入

物业管理既然成为营销的一部分，那就同样存在着定位的问题。在当今的房地产项目推广中，物业管理已经占据了极其重要的位置，人们既买物业又买服务的认识在迅速提高。因此，物业管理对物业推广的促进作用正与日俱增，尤其是写字楼，物业管理服务的重要性更加突出。

一般物业项目在编制销售包装设计任务书和营销工作方案时需要将物业管理概念及模式研究作为项目策划的一部分，以满足销售包装设计内容的要求，同时此时的研究又是日后物业管理方案和特色服务设计的核心。一般在项目正式完成营销推广方案前，需要确定《物业管理方案》。

（一）项目地块周边情况调研

项目地块周边情况调研也就是对物业项目的区域人文习惯、配套设施、公共设施情况进行调研，分析区域特征，从而对物业项目的管理进行准确的定位。

1. 区域人文习惯

物业项目周边常住人口的受教育程度，通常会决定该地区的治安状况及人与人之间关系的和谐与否，而了解当地的饮食习惯、风俗习惯可以使新入住小区的业主与周边常住人口更加融洽地生活在一起。对物业项目周边人文情况的调查范围，通常以一个街道办事处所管辖的范围或步行半径30分钟的路程。

区域人文习惯调查的主要内容如下。

① 调查范围内的主要民族构成。
② 主要生活习惯（饮食习惯、风俗习惯）。
③ 周边的主要公司、单位及其性质。
④ 周边的主要住宅区及其产权情况。
⑤ 公司、单位、住宅区内人员受教育情况。
⑥ 调查范围内暂住人员的情况。

2. 区域管理或服务的机构、设施

物业小区的管理工作包括行政管理和提供物业服务两个方面。管理与服务的内容非常丰富，对一个物业项目的管理也可以说是一种社会化的管理，对物业小区有管理关系的部门包括工商局、物价局、劳动局、街道办、居委会、村委会及县市机构、派出所、交通队等。对物业小区有服务关系的部门包括学校、幼儿园、医院、游乐场所、购物场所、邮电局、电信局等。掌握以上情况可以使物业管理者更能根据实际情况去制定物业管理方案，提供更完善的物业服务。比如说，某小区周围有知名的小学、中学及三四个幼儿园，那么，在该小区的营销策划中则可以拿该资源来作为噱头吸引购房者。

区域管理或服务的机构、设施调查的主要内容如下。

① 被调查机构的名称、地点。
② 被调查机构负责人的姓名及联系方法。
③ 被调查机构的职能设置。
④ 户口迁移手续。
⑤ 周边服务机构的服务内容、服务范围、接待能力、档次。
⑥ 中小学校、幼儿园的入学及入学手续。

3. 公共设施情况调查

一个物业小区的供电、供水、供热、供气、排水等公共设施都是由社会各专业机构提供的，从社会各专业机构到物业管理机构再到业主，哪一个环节出现问题都会给业主的生活带来影响。了解这些公共设施的具体情况，就是为了提前做好准备工作，以避免突发事件的发生。在做这项调查时，主要针对供电、供水、供热、供气、排水等机构，调查的主要内容如下。

① 被调查机构的名称、地点。
② 被调查机构负责人的姓名及联系方法。
③ 被调查机构的设备使用情况、年限、维修情况。
④ 被调查机构设备容量是否可以满足要求。
⑤ 被调查机构设备如容量有限，在业主大量入住前是否增容。
⑥ 如设备管线发生突发故障，属于社会机构责任时，与其联系方法。

（二）对物业项目进行分析

1. 项目定位分析

项目定位有两个基本的层面，即市场定位和目标客户群定位，具体如图1-8所示。

层面一	市场定位
	市场定位是项目策划的核心、本源，是项目全程策划的出发点和回归点，这在项目策划初期就必须首先明确。市场定位的前提是一份市场调研分析报告（调研涵盖宏观、中观、微观，内容涉及政治、经济、科技、文化等方面），至少需要能够回答三个问题：竞争处于什么态势？本项目在未来可供选择的市场取位？本项目相对的优势和风险在哪里？

层面二	目标客户群定位
	在一个物业项目的不同营销时期，其目标客户群的居住区域、购买意识、需求层次是不一样的，对此应进行深入研究，以便在不同的营销推广阶段将目标客户锁定为清晰而特定的人群，进而从全局出发，制定最为科学的整合推广步骤

图1-8 项目定位分析的两个层面

2. 项目优劣势分析

物业公司应在调查的基础上对物业项目的优劣性进行分析，以便深化物业管理方案，利用物业管理的内容来弱化项目的劣势，并结合项目的优劣势分析来寻求物业管理价值最大化的突破点。

3. 目标客户群特性分析

物业服务最终归于"以人为本"，要提供个性化的服务。所以，在一个物业项目管理方案设定之前，物业公司必须对该项目的特定人群做一个全方位的分析，而分析所产生的结果则直接反映在物业管理的"个性"上，而这"个性"也就是物业管理的"核心竞争优势"。

目标客户群特性分析的内容涉及人的五种需求，具体是生理需求、安全需求、爱与归属需求、自尊需求、自我实现需求。通过对这五种需求的把握，最终可以形成一套有针对性的物业管理方案。

4. 竞争对手分析

所谓知己知彼、百战不殆。在同一个区域内可能有许多类似的物业项目，如果物业管理雷同的话，物业管理方面的卖点就基本上没有了。所以，一定要就竞争对手进行分析，并就分析结果制定出更具吸引力与差异化的物业管理卖点，从而将物业管理的竞争优势突显出来。

（三）对物业管理定位

在以上分析的基础上要对物业管理进行准确的定位。

物业管理定位要与项目定位以及目标客户的身份、品味相协调，否则就会适得其反。比如，某一线城市的物业项目定位是高级别墅，而物业管理费每户每月只收500元；反之，低价位普通住宅又说是"酒店式"管理，那人家还敢买吗？

体现物业管理定位的无外乎三个内容。

① 收费标准。

② 服务内容。
③ 管理水平。

收费标准是直接体现档次的，这是第一感觉，但只有收费没有内容就会使人茫然，收费如此贵的缘由必须要向业主交代清楚才行。至于管理水平，客户在入住前是体会不到的，但这并不意味着就说不清楚，关键看你怎么去说，比如指明由某著名的物业公司来管理，该公司人员的素质、以往的业绩，就基本上可以表示物业管理的水平。而像"酒店式管理"这样说法虽然大致地代表了高管理水平，但高到什么程度就不明确了，不如具体形象地说明管理人员经过了消防、急救和擒拿格斗等专业训练，或者干脆将员工守则和操作程序公之于众，也可以大致反应管理水平。总而言之，只有将以上这三方面内容都交代清楚，才算是完善的物业管理定位。

（四）《物业管理方案》策划

接下来的工作是要进行《物业管理方案》的策划，一般在项目正式完成营销推广方案前，需要确定《物业管理方案》，《物业管理方案》应包含管理模式、服务创新、内部管理机制、管理服务标准、品质控制方法、管理费测算等。

1.《物业管理方案》的内容

《物业管理方案》的内容分为关键性内容与实质性内容，具体如图1-9所示。

关键性内容
（1）项目的整体设想与构思（包括项目总体模式与物业管理服务工作重点的确定）
（2）组织架构与人员配置
（3）费用测算与成本控制
（4）管理方式、运作程序及管理措施

实质性内容
（1）管理制度的制定
（2）档案的建立与管理
（3）人员培训及管理
（4）早期介入及前期物业管理服务内容
（5）常规物业管理服务综述
（6）管理指标
（7）物资装备
（8）工作计划

以上是体现物业公司管理理念、管理优势和企业综合竞争力的关键性内容，因此，在物业管理方案的制定过程中，需要认真研究招标文件、深入调查分析招标项目的基本情况和业主的服务需求，运用科学、合理的方法编制切实可行的实施方案。

图1-9 《物业管理方案》的内容

2. 制定物业管理方案的要点

不同特点、不同性质、不同档次的楼盘小区，其物业管理方案都会有很大的异同，但基本上都必须遵循以下的要点。

① 根据楼盘性质、特点等因素确定物业管理方法。
② 制定服务标准与管理方法后，提出服务承诺和具体指标，列出具体落实措施。
③ 根据开发计划、施工进度及楼盘销售情况，制订楼盘前期介入计划、接管计划。
④ 根据服务标准、管理方法及公司支持情况，确定组织架构、人员配备，编制适合本物业的岗位责任制、运作方法等。

⑤ 针对楼盘规划设计、周边情况、规划配套、环境及业主构成等，制定有针对性的日常管理措施。

⑥ 根据楼盘前期的接管计划，编制开办费用预算。

⑦ 按日常管理项目、设备设施、服务项目和管理标准计算管理费收支预算，确定管理费的收费标准。

⑧ 对楼盘出入、交通、配套设施设备提出合理化建议。

⑨ 对重点管理内容展开叙述，如车场、财务管理、保安等。

⑩ 提出各种有特色的管理设想和提升管理服务水平的设想。

（五）制定物业管理方案的内容及制定方法

1. 招标物业项目的整体设想与构思

物业管理方案作为新接物业日后的管理纲领性指导性的文本，应达到配合开发商后期销售的针对性；对物业管理定位、服务标准把握的准确性；方案自身的系统性、针对性及实施的可操作性和物业公司利用的有效性等要求。

物业管理方案编制前，需做好以下准备工作。

① 收集项目资料：地理位置、楼盘规模、设施设备、开发商公司情况、开发计划、楼盘市场定位、规划配套、管理用房情况、销售价格、附近环境状况、治安状况、周边环境、交通状况、施工计划及目前进度、开发商售楼承诺、楼盘销售情况、业主构成。

② 掌握开发商对管理服务质量标准的要求。

③ 掌握业主的结构、文化、层次和素质构成，对管理服务的需求和要求标准。

④ 掌握该地区同等档次楼盘物业管理服务水平及收费水平。

⑤ 掌握公司对该楼盘接管策略、目标及可支配资料。

⑥ 准备现有的管理方案作为参考。

2. 管理方式与运作程序

管理方式与运作程序一般由组织架构的设置、运作程序与支持系统的设计及管理机制的确定等内容组成，具体见表1-7。

表1-7 管理方式与运作程序的内容与说明

序号	内容项目	具体说明
1	组织架构的设置	组织架构的设置需要综合考虑物业的规模和服务内容，在确保最大限度地满足业主服务需求的前提下，设计高效运作的组织架构
2	运作程序与支持系统的设计	运作程序包括项目整体运作流程、内部运作流程与客户服务及需求信息反馈流程，一般采用流程图的方法进行展示，流程设计要遵循全面、高效、合理的原则，准确、真实地反映组织架构的功能和运作方式。支持系统一般也设计为表格或流程图的形式，综合反映物业公司集中资源优势构建对项目的支持体系
3	管理机制的确定	管理机制是反映物业公司实现项目物业管理服务目标的基础，一般由目标管理责任机制、激励机制、监督机制组成。其中目标管理责任机制就是将项目的管理目标、经营目标、竞争目标以量化的形式作为重要职责交给项目的管理团队，并赋予相应的权利，同时将目标的实现与管理团队的切身利益挂钩；激励机制是在目标管理机制的基础设计相应的激励办法；监督机制是通过政府、业主、社会舆论和企业内部管理等渠道来实现对项目运作的监督

3. 人员的配备、培训与管理

人员的配备、培训与管理的内容与要求见表1-8。

表1-8 人员的配备、培训与管理的内容与要求

序号	内容项目	具体说明
1	人员配备	人员配备包括拟为项目配置的各类人员，各部门、各岗位的人员编制与专业素质要求等。人员配备一般依据物业类型、规模、服务内容及需求标准、工作重点来确定，并可参照物业所在地区政府指定的物业管理服务收费指导标准和同类物业的管理经验
2	人员培训	人员培训方案要对各类管理人员的培训内容、培训计划、方式、目标进行详尽的描述，可以采用综合性阐述与相关表格、流程图相结合的方式
3	人员管理	人员管理包括录用与考核、竞争机制、协调关系、服务意识、量化管理及标准化运作等，一般根据招标文件的要求进行描述

4. 管理指标与措施

管理指标与措施的内容与要求见表1-9。

表1-9 管理指标与措施的内容与要求

序号	内容项目	具体说明
1	管理指标	管理指标通常由物业管理质量指标和经济效益指标两部分组成，在招标文件中一般都有具体的要求，在物业管理方案中要对招标人提出的各项管理指标进行明确的响应
2	管理措施	管理措施是物业公司为完成招标文件规定的各项管理指标和承诺拟采取的措施，可以采用表格的形式将管理指标主要的管理措施相对应，进行详细的阐述

5. 管理制度的制定

管理制度主要由公众制度和内部管理制度两大部分组成，具体的内容与要求见表1-10。

表1-10 管理制度的的内容与要求

序号	内容项目	具体说明
1	公众制度	公众制度主要包括精神文明建设、业主公约、装修管理、消防管理、入住管理、电梯使用管理、物业接管验收管理、公用设施维护管理、临时用水电管理、清洁卫生及垃圾处理等内容
2	内部管理制度	内部管理制度包括岗位职责、员工考核、行政管理、财务管理、客户服务、工程技术管理、安防管理等内容。一般在方案中以表格形式列出各项制度的目录即可，招标文件有具体要求的除外

6. 档案资料的建立与管理

档案资料应采取系统、科学的方法进行收集、分类、储存和利用。

档案资料的体系内容可以用表格形式进行阐述，具体的管理可以采用流程图与文字表述相结合的方式。对于政府机关类型的物业，在档案资料的管理方案中应重点突出保密性的管理措施。

7. 早期介入及前期物业管理服务的内容

早期介入及前期物业管理服务方案的制定需要根据物业项目的实际情况和工程进度、存在的隐患或问题进行编制，并对工作计划进行合理安排，使物业管理方案能够全面真实

地反应物业管理在早期介入和前期物业管理中起到的重要作用。

8. 常规物业管理服务综述

在编制常规物业管理服务内容综述中需要把握的重点是将各项管理服务内容的工作要求、重点、运行管理及应急方案、计划等进行详细阐述，对于招标人或招标物业有特殊性服务需求的要进行突出的描述。

9. 工作计划

在物业管理方案中，整体工作计划的制定应该紧扣物业管理项目总体策划中的指导思想、工作重点，并结合招标文件的具体要求综合考虑。工作计划的制定大体分为三个阶段，即筹备期、交接期和正常运作期。制订计划过程中，要考虑物业管理方案实施不同阶段的工作重点、项目、内容、时间要求等因素，可采用表格法、图表法等表现方式。

10. 物资装备

物资装备必须以满足项目管理需要为目的，物业公司在制订物资装备计划时，应该围绕物业管理的开展为核心，从作业工具、项目机构的交通工具、员工办公生活用品等方面进行合理配置、综合考虑，同时还应根据工作进度和需要分轻重缓急，根据不同阶段的需求合理安排物资装备的到位。该项计划的内容一般采用表格的方式进行表述。

11. 费用测算

在测算过程中，根据接管项目的类型、性质、市场定位、配套设施设备的具体情况及管理要求和服务项目，并根据物业所在地物业管理市场同类物业的收费标准及企业现有的管理经验进行全面、具体的测算。

12. 成本控制

在充分调动全体职工控制成本费用的积极性的基础上，将成本控制贯穿于成本费用形成的全过程，而不仅仅是对于部分费用支出的控制。成本控制应与提供优质的物业管理服务相结合，不能为控制而控制，即不能为降低耗费而不提供或少提供服务。

二、协助开发商拟定销售文件

完成房地产物业管理服务方案，协助开发商拟定销售合同所需附件，如住宅质量保证书、住宅使用说明书等。

（一）业主临时公约

《业主临时公约》是买房人在签购房合同时签订的文件，在签订《商品房买卖合同》的同时，还约定物业管理服务价格、服务内容和质量，也就是说在房屋买卖时就通过签订公约和买卖合同，明确了入住后物业管理的有关事项。

在前期物业管理阶段，通过业主大会制定业主公约的机制尚未建立，建设单位在这一阶段属于"初始业主"（往往也是最大业主），为了让这一阶段的业主活动也有章可循，《物业管理条例》（以下简称《条例》）确认这时的公约由建设单位在销售物业之前先行制定。

《业主临时公约》的主要内容如下。

1. 对公共部位、公共设施、公共环境使用和维护方面的规定

物业范围内的所有使用人对物业的公共部位、公共设施、公共环境的使用，要在国家和地方有关政策法规及《物业管理合同》规定范围内合理使用，并有自觉维护的责任；不得侵占物业共用部位和附属用地以及物业管理范围内的道路和附属设施，也不得随意接引、

拆除和损坏市政公用设施；禁止在建筑物和构筑物上涂写、刻画、张贴；不得在住宅区内随意停放车辆，未经批准，禁止载重车通行。

2. 对房屋装修方面的规定

在《业主临时公约》中，对房屋装修做了明确规定，如要求业主或物业使用人装修房屋时遵守有关房屋装修的制度，并事先告知物业公司；物业公司对装修房屋活动进行指导和监督，并将注意事项和禁止行为告知业主和物业使用人；业主或物业使用人违规、违章装修房屋或妨碍他人正常使用物业的现象（如渗、漏、堵、冒等），应当及时纠正，造成他人损失的应承担责任。

《业主临时公约》还规定了业主和物业使用人的行为规范，主要内容如下。

① 不得擅自改变房屋结构、外貌（含外墙、外门窗、阳台等部位的颜色、形状和规格）、设计用途、功能和布局等。

② 不得对房屋的内外承重墙、梁、柱、板、阳台进行违章凿、拆、搭、建。

③ 不得损坏、拆除或改造供电、供水、供气、供暖、通信、有线电视、排水、排污、消防等公用设施。

3. 对物业管理管辖范围内娱乐性场所和经营性场所的有关规定

① 有关环境卫生的规定和约定，如不得随意堆放杂物、乱扔垃圾、高空抛物等，不得践踏、占用绿化用地，不得损坏园林建筑小品等。

② 有关噪声的规定和约定，如不得聚众喧闹、噪声扰民等危害公共利益或其他不道德的行为等。

③ 有关交通管理的规定和约定，如不得在公共场所、道路两侧支设摊点等。

④ 有关治安防范的规定和约定，如不得违反规定存放易燃、易爆、剧毒、放射性等物品和排放有毒、有害、危险物质等，不得违反规定饲养家禽、家畜及宠物等。

4. 有关处罚条款

① 擅自拆改房屋结构及其设施设备影响房屋使用安全和正常使用或影响房屋整体外观的有关处罚规定；乱建违章建筑的有关处罚规定。

② 侵占房屋共用部位和房屋的附属用地以及侵占物业管理范围内道路的有关处罚规定。

③ 噪声扰民、污染环境方面的有关处罚规定。

（二）《住宅质量保证书》

《住宅质量保证书》是房地产开发企业对所售商品房承担质量责任的法律文件，其中应当列明工程质量监督单位核验的质量等级、保修范围、保修期和保修单位等内容。开发商应当按《住宅质量保证书》的约定，承担保修责任。

《住宅质量保证书》应当包括以下内容。

① 房屋经工程质量监督部门验收后确定的质量等级。

② 注明房屋基础构造的使用期限和保修责任；房屋基础构造是指房屋的地基基础和房屋主体结构。

③ 各部位、部件的保修内容和保修时间；国家对部分内容规定最低保修内容和期限，具体包括屋面防水工程、有防水要求的卫生间、房间和外墙面的防渗漏，保修期为5年；供热与供冷系统，保修期为2个采暖期、供冷期；电气管线、给排水管道、设备安装和装修工程，保修期为2年。其他项目的保修期限由发包方与承包方约定。建筑工程的保修期，自竣工验收合格之日起计算。

④ 房屋发生上述情况时，负责处理购房者报修、答复和处理等事项的具体单位及处理时限。

在协助房地产公司制定《住宅质量保证书》的时候，一定要从业主的角度出发，为业主争取最大的权益，因为在日常管理过程中如果住宅的质量出现问题，业主通常都会来找物业公司，要求物业公司来解决，若《住宅质量保证书》制定合理，则可以最大限度地保护业主的权益，也可以避免日后常规管理中出现纠纷。

（三）住宅使用说明书

我国房地产法规规定，房地产开发企业应当在商品房交付使用时向购买人提供《住宅质量保证书》和《住宅使用说明书》。

《住宅使用说明书》应当对住宅的结构、性能和各部位（部件）的类型、性能、标准等作出说明，并提出使用注意事项，一般应当包含以下内容。

① 开发单位、设计单位、施工单位、委托监理的应注明监理单位。
② 结构类型。
③ 装修、装饰注意事项。
④ 上水、下水、电、燃气、热力、通信、消防等设施配置的说明。
⑤ 有关设备、设施安装预留位置的说明和安装注意事项。
⑥ 门、窗类型，使用注意事项。
⑦ 配电负荷。
⑧ 承重墙、保温墙、防水层、阳台等部位注意事项的说明。
⑨ 其他需说明的问题。

住宅中配置的设备、设施，生产厂家另有使用说明书的，应附于《住宅使用说明书》中。

三、销售中心物业服务展示

物业公司在房产正式销售阶段要负责销售现场、样板房等处的清洁、绿化、秩序维护、水电维修、安全等工作，展示物业公司的服务水平和员工风采。

（一）设立销售中心物业管理处组织架构

物业公司应就物业项目设立销售中心物业管理处（图1-10），配备相应的人员，以达到有效控制、由服务中心统一协调各单位及各部门的工作、现场工作督导等各管理环节的目的。

物业公司还应根据物业服务中心组织架构拟定、规范各部门的职责范围，制定出各部门、各岗位的岗位职责、程序和规范、工作标准及考核标准，以展示物业服务水准，增加业主购买信心，激发业主购买欲望。

（二）制订各阶段及每月工作计划

对所收集的开发商的动态信息（项目的规划、工程配套、工程进度等）、销售部销售方针对物业服务方面的需求及销售过程中对客户的承诺、业主普遍关心的事项或问题等各种信息进行归类汇总，为今后确定《使用、管理、维修公约》《业主手册》《装修守则》及项目物业管理方案掌握第一手资料。

现场检查督导物业公司各部门工作完成情况，定期考核。

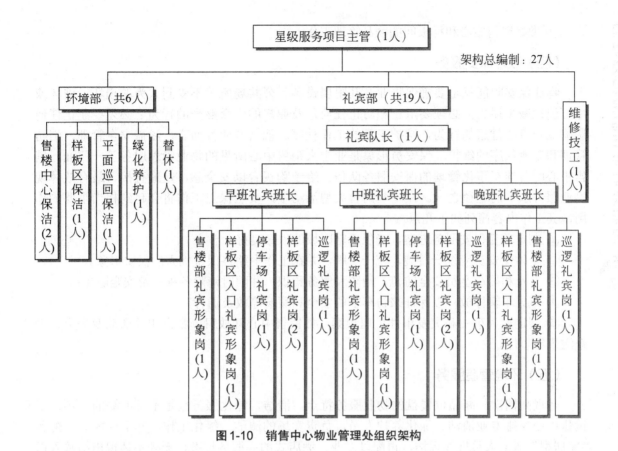

图1-10 销售中心物业管理处组织架构

（三）提供客户接待服务

客户接待服务是体现物业服务水平的第一印象，在销售过程中，配合销售人员解答业主关于物业管理方面的关心和疑问。根据过往经验，其服务人员本身应具备相当的专业性物业管理知识，内容如下。

① 了解物业管理的相关法律、法规。
② 了解物业管理费的标准、缴纳程序等。
③ 了解物业管理服务内容。
④ 了解物业管理实务操作全过程。

同时，客户接待服务也将配合地产公司的销售中心来兼管一些管理工作，包括但不限于以下内容。

① 样板房的接待服务。
② 销售中心大堂水吧客服接待。
③ 销售中心大门礼宾司服务（门童服务）。
④ 电梯礼宾司服务。
⑤ 做好日常接待记录。
⑥ 清洁、绿化工作检查记录。
⑦ 各部门运行记录及各种档案归类汇总管理。
⑧ 严格钥匙管理，制订钥匙领用及借用归还、检查等管理办法。

⑨ 做好销售中心和样板间的物品管理工作。

（四）做好保安服务

物业保安职能就是要确保物业及其附属设备、公共场所等不受到人为的损坏、破坏或尽可能地减少损失；必须要阻止和防止任何危及业户的生命财产的行为；必须要制止任何影响业户身心健康的行为，维护正常的工作秩序。就其专业性而言，涵盖安全管理、消防管理和车辆秩序的维护。保安员形象是业主来销售中心所见的物业管理服务第一门面，销售中心配备准军事化管理的保安服务队伍，给予购买者以安全感，是最直接、最有效体现物业服务水平的途径之一。在一些销售大型活动中，安全保卫工作将会起到相当重要的作用，其工作内容简列如下几点。

① 制定项目保安服务方案，确保所辖区域的秩序良好。
② 全体保安员应统一着装，统一工牌，并在工作中始终保持优秀的保安形象。
③ 普及和提高全员安全防范、消防和服务意识，并随时消除各种危及安全隐患。
④ 疏导车辆停放，以保证来访车辆的安全和顺畅停放及通行。
⑤ 制定重大事件和突发事件处理预案，如销售中心开放日、举办相关活动及失火、聚众滋事等事件。

（五）环境营造服务

体现高档次、高品位楼盘的物业服务特点，清洁、绿化服务也是不可或缺的一环，于销售中心安排专业清洁、绿化养护人员，负责卖场的清洁、绿化工作，并于样板间中配备"家居型"清洁人员现场保洁，再配以专业、酒店式的高服务标准，无处不体现出细致入微的人文关怀。卖场中绿化小品及饰品的摆设、销售沙盘的设计、悦耳的音乐、若有若无的清香营造出舒适、温馨的销售环境，无一不增加潜在消费者视觉、听觉及感觉方面的愉悦和放松，增加潜在消费者的购买欲望。

服务工作可从以下几点着手。
① 制订并执行清洁及装饰材料保养计划。
② 围绕销售部门工作时间，合理安排清洁人员配比，以保证高质量有效服务。
③ 培养清洁人员服务意识及实际操作规范，以达到酒店式物业管理的服务标准要求。
④ 提供保洁服务，并定时处理各种垃圾废物。做好消毒和杀毒服务。
⑤ 正确使用各种清洁设备及确定大型设备使用时间，避免影响卖场的正常开放时间。
⑥ 对销售中心所辖区域内绿化工作制订养管计划和租摆方案，及时更换不适宜盆栽乔木和草坪绿地。
⑦ 定期浇水施肥，营造良好的绿化环境。配合各大型促销活动及节假日的清洁绿化工作安排。
⑧ 通过熏蒸或喷洒清新香剂，保证空气质量。

（六）负责物业工程服务

现场物业工程服务人员将于销售全过程中，负责卖场中水、电供应及各项设施设备的保养工作，并积极协助各种大型销售活动的准备工作和重大节日布置工作，以多角度展示物业服务水平。

关于卖场管理，物业工程服务人员应做好以下工作。
① 及时维修中心水、电、通信等设施。
② 制订各项设施的维护、保养计划并执行。
③ 卖场灯光调控及音像设备、背景音乐的维护。
④ 各种活动中工程维修工作的协助配合。
除卖场管理外，物业工程服务人员应做到以下几点。
① 跟进项目工程施工进度。
② 及时记录隐蔽工程的施工过程。
③ 向业主解答物业工程和二次装修管理中的问题。

（七）做好资产管理

根据过往经验，通常于销售中心、样板间为营造销售氛围均配置了必要的办公用品、生活物品及饰品。因多个部门参与，容易造成责、权、利不清，又因销售过程中客流量大，人员较复杂等因素，所配置的物品损坏和丢失现象较为严重，给开发商及销售公司带来不必要的形象受损及资产损失，为达到有效控制、统一管理、避免损失，建议制定完整的物品管理制度，简要内容如下。
① 物业管理处作为资产统一代管部门，划定各部门、各单位物品管理范围。
② 利用现代化办公手段对所负责的所有物品进行统一编号、登记、造册，落实到人。
③ 制定严格的物品申购、采购、入库、储存、出库、转移、借用、归还、使用、报废等制度，完善各环节控制手段。
④ 定期与财务部及相关部门进行核查。
⑤ 每日清点现场在册物品。
⑥ 及时撤换已损坏物品，分析原因，并提出优化措施。

综上各项服务工作内容及工作标准，为更好地达到预期效果，现场一定要委派一名项目经理，全权负责销售中心的物业服务工作，同时协调各部门工作，督导物业公司员工各项管理工作，其工作职责为负责协调开发商与销售部之间的关系，理顺各个工作环节，编制物业服务中心部门工作程序及工作标准，以向开发商和销售部门提供更好的服务，展示物业服务水平。

四、配合现场销售

物业公司应选派房地产物业管理咨询专员到销售现场，与客户进行充分沟通，向客户介绍今后物业管理的服务模式、内容、标准和客户应当遵守的公共管理制度，解答客户的疑问，了解客户的期望、建议，并及时向开发商反馈。物业公司早期介入部门汇总、分析客户的意见后，继续向开发商提出改进建议。在配合现场销售时要注意以下要点。

（一）吃透设计图纸，准确了解设计的优劣

每个项目的设计都不可能尽善尽美，有的可能存在较多的缺陷或较大的遗憾。对此房地产物业公司必须高度重视，由经验丰富的专业人员认真查看图纸，准确归纳项目特色和明显的不足。特别要注意那些对使用功能考虑不周或明显不舒适、用途不明确、方便违章

搭建的设计或部位。针对设计缺陷向开发商提交书面建议,以期尽可能消除或改善。此项工作应在房产销售前完成。

(二)对项目存在的不足,尽早提出针对性的解决方案

对于无法消除或改善的可能成为日后管理难点的问题,在销售准备阶段一定要找到解决办法,以便开盘后将解决方法或要求明确告知业主。例如,设计超深、超大阳台往往成为销售卖点,客户计划着交房后封闭阳台增加使用面积,这就给今后的房地产物业管理带来极大的难度,因为法律法规明确规定外立面不可擅自改变。解决这一问题可事先取得开发商的支持,准备好每套房屋在不改变外立面前提下的阳台装修方案图,当客户认购房屋时,物业管理咨询专员即主动与其交流,将装修方案图交客户签字确认后由房地产物业公司留存,提早解决。

(三)在不同省市承接项目的,对地方规章应详细了解

各地政府对房地产开发、房地产物业管理的要求以及各地配套条件都有所差异,物业公司只有对每个细节了解到位,才能提出符合实际、可操作性强的房地产物业管理事项的约定、临时公约以及公共管理制度。避免产生对业主要求过高,而房地产物业公司的管理水平和管理措施跟不上的情况。

同时,还应注意上述内容与销售合同相关条款的一致性,否则,只要有一点儿疏忽,都会给日后管理带来难以摆脱的麻烦。例如,某项目销售合同根据地方规章约定"如需封闭阳台,应使用美观轻质的建筑材料",而业主临时公约中根据住宅室内装饰装修管理规定,约定"禁止改变外立面,禁止封闭阳台",两者相互矛盾,会为今后的纠纷埋下伏笔。

(四)高标准挑选销售现场服务人员

1. 物业管理咨询专员的要求

对物业管理咨询专员要有较高的要求。

① 综合素质高、沟通应变能力强、具有亲和力。

② 对本公司企业文化有良好的感知力。

③ 对当地法律法规和项目情况了如指掌。

④ 能与开发公司人员良好互动。

⑤ 不透露房产销售信息,不介入销售行为。

⑥ 自律性强,言行能体现公司优秀员工的形象。

2. 现场一线员工的要求

对现场一线员工的要求:形象好,责任感强,技术熟练,善于观前顾后,处处为客户着想。

3. 物业咨询必须了解的问题

随着业主对房地产和物业管理方面的了解,业主在购房时对该项目除了价格以外,其他的影响因素也相当关心,特别是小区的配套设施的落实,开发商的销售承诺,物业管理小区的配套设施的落实,物业管理提供哪些服务,如何收费等问题,都是准业主关心的热点问题。所以,物业公司要将该类问题整理出来,并根据项目的实际情况对员工进行培训。客户在购房时(即销售期间)主要关注的问题见表1-11。

表1-11 客户在购房时（即销售期间）主要关注的问题

序号	项目	关注的问题
1	项目背景资料	（1）项目全称及各栋名称是什么？ （2）地理位置在哪里？ （3）周边主要建筑物有哪些？ （4）周边主要交通干道有哪些 （5）开发商是谁？开发商开发过的项目有哪些？ （6）由哪个设计单位设计的？该设计单位曾设计过的知名项目有哪些？ （7）由哪个单位施工的？该施工单位以往有哪些项目？ （8）由哪家监理公司监理的？该公司以往监理过哪些项目？ （9）由哪家物业公司提供的物业服务？该物业公司服务过哪些小区？ （10）园林设计由哪家公司负责？该公司以往有什么作品？ （11）项目的用地性质是怎样的？
2	项目概况	（1）项目占地面积、建筑总面积是多少？商业部分面积是多少？住宅部分面积是多少？地下停车场面积是多少（有多少车位）？地下设备用房是怎样的？ （2）建筑覆盖率是多少？绿化面积是多少？绿化率是多少？ （3）总共有多少栋数？楼体高度是多少？总层数有多少？ （4）楼宇结构形式是怎样的？ （5）各楼的主要朝向是怎样的？ （6）本项目封顶日期、竣工日期、交房日期分别在哪天？ （7）预售许可证号码是什么？ （8）物业产权年限是多少？起止时间分别是哪一年？ （9）本项目有哪几种户型？各户型建筑面积多大？ （10）本项目的容积率是多少？ （11）小区智能化设施情况是怎样的？安防、消防系统情况如何？大门、阳台是否允许安装防盗网？有无红外线监控系统？ （12）楼板厚度为多少？外、内墙的厚度是多少？ （13）群楼作什么用途？ （14）每栋一梯几户？ （15）走廊照明系统是怎么样的？ （16）内外阳台面积如何计算？（包括入户花园） （17）凸窗的高度是多少？宽度是多少？凸窗是否计入售卖面积？ （18）车位是否可售？售价和收费标准是怎样的？其中管理费是多少？ （19）楼宇（外墙、屋顶、厨卫）防水设计情况如何？防水采用哪种做法？ （20）交楼的标准是什么？ （21）窗户采用哪种玻璃？玻璃厚度是多少？ （22）管道天然气的开通时间、费用、水电、煤气表如何抄表？ （23）电梯采用哪一品牌？速度如何？一台可载客多少人？是否所有电梯都到地下车库？ （24）入口大堂、电梯间、楼梯间的装修情况如何？高度是多少？ （25）小区内是否人车分流？ （26）地下室有几层？分别做什么用？ （27）小区有没有备用发电机？有多少台？功率是多大？ （28）各栋楼的间距是多少米？

续表

序号	项目	关注的问题
3	项目建筑风格与设计特点	（1）建筑风格是怎样的？ （2）园林设计风格是怎样的？ （3）户型设计特点是怎样的？
4	项目智能化设施介绍	（1）国际卫星电视接收系统是怎样的？ （2）网络系统是怎样的？ （3）通信设备是怎样的？ （4）室外安防系统是怎样的？ （5）室内安防系统是怎样的？ （6）远程自动抄表系统是怎样的？ （7）消防系统是怎样的？
5	公共区域装修标准	（1）停车场交付使用的标准是什么？ （2）小区设备用房位置在哪里？面积是多少？有哪些设备？ （3）小区的会所在哪里？面积是多少？有什么样的功能？ （4）小区有多少个出入口？ （5）小区的人流、车流怎样划分？ （6）住宅大堂的交楼标准是怎样的？ （7）住宅部分的电梯厅、公共疏散楼梯厅的交楼标准是怎样的？ （8）公共疏散楼梯走道的交楼标准是怎样的？ （9）住宅部分的每户供电最大负荷是多少？ （10）住宅的户内电气交房标准是怎样的？ （11）有线、宽带、天然气的接入布置情况是怎样的？ （12）户内给排水的交房标准是怎样的？ （13）厨房烟道怎样设置？采用哪种防倒灌设施？采用哪种品牌？ （14）小区有无设置消防水箱？在哪里？ （15）小区建筑如何进行白蚁处理？ （16）住宅的入户门尺寸是多大？入户门的交房标准是什么？
6	开发商承诺	（1）物业公共服务费用的承诺标准是什么？ （2）车位售价或收费标准是什么？能否安排固定车位？ （3）交房费用是多少？ （4）管道天然气是否赠送？ （5）直饮水设备如何提供？怎样收费？ （6）交房能否出示竣工验收证明和使用说明书？ （7）天台有无花园？业主是否可使用？ （8）单元内哪些结构可变更？ （9）是否提供装修套装？装修公司名称是什么？ （10）项目可否外销？ （11）内销、外销银行是否指定哪一家？ （12）涉及银行职工购房，业主可否自行按揭？ （13）按揭需提供哪些资料？ （14）按揭需多少费用？购买后需缴纳哪些费用？ （15）签合同后能否更名？更名怎么收费？ （16）什么时候可以办理房产证？办证时要交多少费用？ （17）购买房子后相应是否送户口？如何办理户口迁移？要交多少费用？ （18）购买房子后是否相应送入学名额？怎样办理入学名额？

续表

序号	项目	关注的问题
7	物业管理	（1）物业管理顾问公司是哪一家？该公司的情况是怎样的？ （2）该公司曾服务过的知名物业项目有哪些？ （3）本小区物业管理的特色服务是什么？ （4）物业公共服务费用标准是多少？ （5）是否要收取水电费周转金？标准是多少？ （6）物业公共服务费用于哪些服务内容？ （7）是否要收取垃圾清运费？是否收取装修管理费？标准是多少？ （8）缴费是否用"一卡通"？是否指定哪一家银行受理？ （9）公共水电费怎样分摊？ （10）会所设有哪些活动？是否收费？收费标准是怎样的？ （11）便民服务有哪些主要内容？收费标准是怎样的？ （12）区内是否设有专用大巴？收费标准是怎样的？ （13）室内的电话、有线电视、宽带、天然气、直饮水等系统如何办理开通？
8	交通及配套	（1）周边有幼儿园吗？有几家？情况怎样？ （2）周边有哪些小学？ （3）周边有哪些中学？ （4）周边有哪些超市、菜市？ （5）周边有哪些医院？ （6）周边有哪些金融机构？ （7）周边娱乐、饮食场所有哪些？ （8）周边文化娱乐场所有哪些？有什么特色？ （9）到火车站、市商业中心、公园、机场等的车辆方不方便？一般要多少时间？ （10）附近坐公交车方不方便？
9	附表及附件	（1）购房税费有哪些？ （2）收楼时应带哪些有效证件？应缴纳哪些费用？

（五）做好现场与开发商的各项对接

在售楼员接待客户过程中有关物业服务问题的解答、安防等设施的现场演示、客户要求确认的业主公约和有关资料等诸多应与开发商现场衔接的问题，必须事先设计好工作流程，有条不紊，规范操作。

（六）关注开发商的销售宣传

密切关注售楼员、销售广告对客户做出的承诺。若发现为了销售而夸大其词、不符合物业服务方案、今后无法实现的承诺，应及时指出，要求予以纠正。这是早期介入中极其关键的环节，处理好了，可以避免和减少今后的纠纷。如有关超深、超大阳台，某广告商在报刊广告中渲染庭院式阳台多功能使用的效果时，加了句"如果用玻璃封闭阳台外围，您将获得……"，显然与业主已确认的图纸中"不改变外立面"的原则相悖。此时物业公司就应主动与开发商沟通，在后续广告中声明更正。

（七）以各种方式全方位展示物业管理品牌

在销售过程中对未来房地产物业公司的宣传以及未来物业管理所带来的生活方式，可以有很多的表现手段和操作手法。如可通过销售现场文字、音像、口头交流、外部媒体宣传、已接管同一开发商项目的社区活动等其他宣传活动形式，立体化、全方位向客户展示企业品牌。如果尺度把握准确，方法使用得当，会成为项目销售的一个要点，极大地促进销售工作给开发商带来较大的回报。

第五节 竣工验收阶段介入

物业公司在竣工验收阶段介入管理的工作目标是，协助项目开发企业做好物业及其配套设施设备、管线等使用功能的验收，对各种设施设备逐一检查，并建立验收档案。这样可以从后期使用和管理的角度帮助开发企业免除可能存在的施工隐患及遗漏工程，并提出整改意见和建议，以规避由于施工监管不力导致的工程缺陷。

一、竣工验收的含义

竣工验收是建筑产品生产的最后一个环节。当一个建筑工程项目经过建筑工程施工和设备安装后，达到该工程项目涉及文件所规定的要求，具备了使用的条件，就称为竣工。工程项目竣工后，施工单位须向开发单位办理交付手续。在办理交付手续时，须经开发单位或专门组织的验收委员会对竣工项目进行查验，在认为工程合格后办理工程接收手续，把产品移交给开发单位，这种交接过程称为竣工验收。

二、物业公司在竣工验收中的责任

由于工程竣工验收是工程建设过程的最后一项程序，是检验设计、施工质量的重要环节，也是物业由建设转入使用的标志，物业公司也即将由幕后顾问正式走向台前，接管物业进行物业管理，所以物业公司在竣工验收工作中担任着重要的顾问角色。

① 认真参与竣工验收，严把质量关，对影响将来业主使用和物业管理的，即使是细微问题也应及时要求整改，确保能接到一个质量合格的物业，为前期物业管理打下良好的物质基础。

② 通过参与竣工验收，进一步熟悉物业，为物业的接管验收以及将来的维修养护做好准备。

③ 细心查验竣工验收资料，保证资料齐全、准确，这样才能在接管物业时建立详尽的物业档案，为物业公司维修养护、物业保修、物业装饰和其他有关方面提供凭证和参考。

三、竣工验收的依据

竣工验收的主要依据如下。
① 上级主管部门的有关工程竣工的文件和规定。
② 工程设计文件。包括施工图纸、设计说明书、设计变更洽商记录、各种设备说明书等。
③ 招标投标文件和工程合同。

④ 施工技术验收标准及规范。
⑤ 工程统计规定。
⑥ 从国外引进的新技术或进口成套设备的项目，还应按照签订的合同和国外提供的设计文件等资料进行验收。

四、竣工验收的分类

建筑工程项目的竣工验收可以分为隐蔽工程验收、分期验收、单项工程验收、全部工程验收。具体见表1-12。

表1-12 竣工验收的分类

序号	分类	具体说明
1	隐蔽工程验收	在各项隐蔽工程完成后，要隐蔽前，开发单位与承建单位应按技术规范要求及时进行验收。验收以施工图的设计要求和现行技术规范为准。经检查合格后，双方在隐蔽工程检查记录上签字，作为工程竣工验收的资料
2	分期验收	分期验收，是指分期进行的工程项目，或单元工程在达到使用条件、需要提前使用时所进行的验收。例如，对住宅区，当第一批房屋建成后，即可进行验收，以使完成的建筑产品能及时投入使用，发挥其投资效益
3	单项工程验收	工程项目的某个单项工程已按设计要求施工完毕，具备使用条件，能满足投产要求时。承建单位可向开发单位发出交工通知。开发单位应先自行检查工程质量、隐蔽工程的有关资料、工程关键部位的施工记录以及有否遗漏情况等，然后由设计、承建等单位组织验收小组，共同进行交工验收
4	全部工程验收	整个建设项目按设计要求全部建成，并达到竣工验收标准时，即可进行全部工程验收。大型建设项目的全部工程验收工作，应在做好验收准备的基础上，按预验收、正式验收的顺序进行。预验收必须由开发单位、设计单位、承建单位及其他有关部门组成预验收工作组进行验收

经正式验收合格后的物业，应迅速办理固定资产交付使用手续，并移交与建设项目有关的所有技术资料。

五、物业公司参与竣工验收配合的内容

物业公司应当参加住宅工程质量分户验收工作。住宅工程质量分户验收应当依据设计图纸的要求，在确保工程地基基础和主体结构安全可靠的基础上，以检查工程观感质量和使用功能质量为主，主要包括以下四部分查验内容。

（一）房屋本体及公共设施的查验

房屋本体及公共设施的查验的内容包括但不限于以下诸多方面。

1. 房屋本体

房屋本体包括地基基础、梁、柱、板主体、顶棚、墙面、楼地面、门窗、楼梯、扶手、卫生间供水、排污管道、地漏、卫生洁具等。

2. 公共设施

公共设施包括基础设施、天台、屋面避雷设施、消防设施、小区路灯、绿化、小区道

路、垃圾箱（房）、车库、检查井和化粪池、明暗沟、踏步、台阶、水池、水箱、景观、雕塑和文化娱乐设施等。

（二）公共配套设备设施的查验

公共配套设备设施的查验内容包括但不限于强电系统、电梯系统、安全防范系统、消防系统、楼宇自控系统、综合布线系统、空调各系统、给排水各系统、绿化工程等。

（三）钥匙的查验

钥匙的承接查验工作应在完成房屋本体及公共设施和公共配套设备设施的承接查验后进行，由于管理处不负责业主专有部分的管理，因此原则上业主钥匙只能由建设单位接收保管，如果建设单位在此阶段将业主钥匙交由管理处代管。物业公司必须与建设单位签订《钥匙代管协议》，明确双方责任关系，规避法律风险。

（四）计量仪表查验

含费用计量表和技术参数测量表，前者包括生活水表、中水表、电表、煤气表等，后者包括供水、供暖、空调系统的各类压力表、温度表等。

六、物业公司参与竣工验收的流程

物业公司参与竣工验收应当按照以下程序进行。
① 在分户验收前根据房屋情况确定检查部位和数量，并在施工图纸上注明。
② 按照国家有关规范要求的方法，对本规定要求的分户验收内容进行检查。
③ 填写检查记录，发现工程观感质量和使用功能不符合规范或设计文件要求的，书面责令施工单位整改并对整改情况进行复查。
④ 分户验收合格后，必须按户出具由建设、施工、监理单位负责人签字或签章确认的《住宅工程质量分户验收表》，并加盖建设、施工、监理单位质量验收专用章。
⑤ 住宅工程质量分户验收不合格的，建设单位不得组织单位工程竣工验收。

第二章
物业项目接管验收期管理

- ◆ 第一节　物业管理处的建立
- ◆ 第二节　物业承接查验
- ◆ 第三节　物业清洁开荒

引言：

物业项目接管验收的工作承上启下，是日后开展物业管理工作的基础和良好开端，因而物业管理项目接管验收工作执行得好与坏，直接影响到未来物业管理工作的正常开展。接管验收期中有许多工作要做，如建立管理机构——物业管理处，进行接管验收和开荒清洁等。

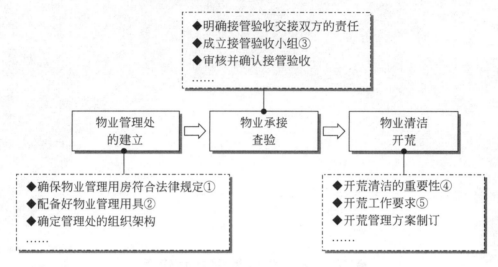

图示说明：

① 物业管理用房包括物业管理办公用房、物业管理配套用房和业主委员会办公用房等。门卫房、车库、杂物房、阁楼、设施设备用房不得抵作物业管理用房。

② 为了使管理处的工作正常开展，须配备好各项物资，一般而言，管理处须配备行政办公用品、维修工具及清洁工具、治安、交通、消防装备等。

③ 为顺利进行物业承接验收，物业公司应成立物业承接验收工作组，并根据业务类别和工作需要分设若干个小组，如联络小组、物业共用部位查验小组、共用设施设备查验小组、资料接管小组、财务接管小组等。物业承接验收工作组应由素质好、业务精、对工作认真负责的管理人员及技术人员组成。

④ 在物业建筑工程中常常会留下许多垃圾污垢，建筑方一般只做一些简单的垃圾清理工作，不会对建筑物进行全面、彻底的清洁护理。这种新建成的建筑物第一次专业保洁称为开荒清洁。

⑤ 所有开荒人员必须牢固树立"安全第一"的工作理念，各级人员按职责规定统一形象、统一着装、统一作业，认真做到"积极进取、尽职尽责、协调有序、坚决服从、执行迅速、保质保量"的管理要求。

第一节　物业管理处的建立

物业管理处是物业项目的现场办事机构，物业项目经理则是这一机构的直接责任人。物业管理处的筹建工作做得好不好直接关系到以后的验收接管、入伙装修及常规服务期的工作。

一、确保物业管理用房符合法律规定

物业管理用房包括物业管理办公用房、物业管理配套用房和业主委员会办公用房等。门卫房、车库、杂物房、阁楼、设施设备用房不得抵作物业管理用房。建设单位应当按照规定在物业管理区域内配置必要的物业管理用房。

（一）要保证物业管理用房的面积

物业公司是小区维护和管理的核心，而物业管理用房又是这个核心运作的场地所在，是对物业小区进行管理的必要设施。然而，有的开发商不愿拿出规定面积作为物业管理用房。

关于物业管理用房的面积，目前国家没有统一的规定，各地的规定不尽相同。所以，物业项目经理一定要熟悉当地有关物业管理用房的法律规定，并根据规定向开发商取得相应面积的物业管理用房，以确保以后物业管理的正常运作。

（二）要确认物业管理用房符合规定

有许多开发商所提供的物业管理用房并不符合法律的规定，如提供的是不通风、不透气的地下室。有关法律规定如下。

① 层高不足2.2米或已经列入公共分摊的房屋不计入物业管理用房面积。
② 物业管理用房必须相对集中，具备自然通风采光条件和进行普通以上装修。

二、配备好物业管理用具

为了使管理处的工作正常开展，须配备好各项物资，一般而言，管理处须配备行政办公用品、维修工具及清洁工具、治安、交通、消防装备，具体见表2-1。

表2-1 物业管理常用用具

序号	用具类别	举例说明
1	管理处行政办公用品	办公桌椅、会议桌椅、打印机、复印机、电脑设备、空调机、传真机、保险柜、照相机、电话机、档案柜、资料柜、员工服装、各类标志牌、各类办公用品、饮水机、棉大衣、音响、DVD、电视机、入住资料、办公资料、寝具、厨具、雨衣、手电筒、茶几、电风扇、衣柜
2	维修工具及清洁工具	室内疏通机、电焊机、冲击钻、砂轮切割机、手电钻、台钳、梯子、万用表、摇表、潜水泵、套丝机、测试仪表、吸尘吸水器、高/低压冲水机、清洁及浇花用胶管、机动喷雾器、电工工具、电流表、木工工具、高空作业工具、常用材料备件、吸尘机、手推垃圾清运车、手推式剪草机、绿篱修剪机、清洁工具、绿化工具、铁架床与木床等
3	治安、交通、消防装备	无线对讲系统、消防工具、自行车、云梯、训练器材、警棍、防毒面具、钢盔、消防斧头、专用扳手、消防靴、物品搬运便民服务车

三、确定管理处的组织架构

（一）物业管理处的职能

管理处直接面对业主和物业使用人，处于管理服务的第一线，在管理中起着执行实际操作和协调的作用。其主要职能如下。

① 参与物业验收，办理业主入伙手续，装修审查及检查等工作。

② 对所辖物业实施的日常物业管理，根据国家及政府的有关法律法规和《物业管理条例》《物业管理委托合同》的规定对房屋建筑、设施设备、消防、保安、清洁、绿化、社区文化等进行一体化管理；组织业主（用户）意见调查和分析，对业主（用户）投诉进行处理。

③ 严格执行公司有关管理方针与管理制度。

④ 严格执行公司财务管理制度，与业主（用户）共同创造社区社会效益、经济效益、环境效益。

⑤ 有权制止违反物业管理法律法规的一切行为。做好日常消防管理工作，杜绝重大火灾隐患或事故的发生。

⑥ 就有关重大管理问题向公司和有关部门请示汇报。

⑦ 完成公司下达的工作计划、管理目标、经济指标。

（二）管理处的内外组织框架

作为物业管理处，要开展业务运作，关系到方方面面。

① 要接受业主委员会、房地产发展商和物业管理公司的领导。

② 必须与街道办事处、工商、税务、公安等部门打交道，还要接受上级主管部门、物业管理行业协会等的领导。

③ 管理处主要为业主服务，所以，必须建立客户服务中心，负责各项工作的沟通、协调。

④ 管理处的另一项重要任务是维护、保养物业设施、设备，做好清洁、绿化工作，做好安全防护，为业主、客户创造一个舒适的生活与工作环境。

综上所述，可以看出管理处并不是一个单一的、孤立的架构，如图2-1所示是某物业管理处的组织框架，从中可以看出它是如何运作的。

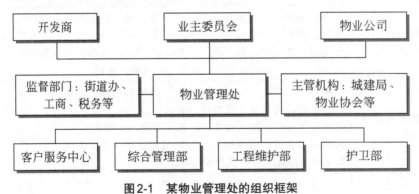

图2-1　某物业管理处的组织框架

四、物业管理处的人员配置与培训

合理设置组织架构既可以提高团队工作效率，形成和谐的工作环境，有序的组织管理层级，又可大大地降低行政管理成本和人力资源成本。设计管理处的组织架构时要确定一个核心机构——客服中心，来确保客户服务需求的接收、处理与反馈。

（一）管理处内部职责分工架构

管理处内部职责分工架构如图2-2所示。

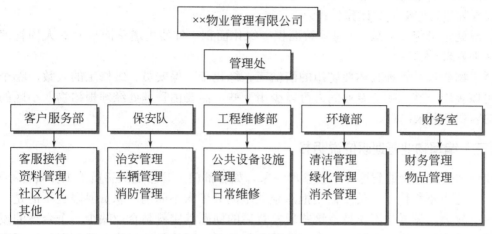

图2-2　管理处内部职责分工架构

管理处内部职责分工架构图说明如下。

根据社区物业的实际情况，从节省人力、物力的角度出发，设置相应的职能部门，一人多岗重在管理。管理处实行经理责任制，进行年度责任目标考核。在管理处经理下设置客户服务部和保安队、工程维修部、环境部、财务室，各部门按照各自的分工负责本部门的工作，并以客户服务中心为中心互相协作。

（二）管理处工作人员岗位配备

管理处岗位职责架构如图2-3所示。

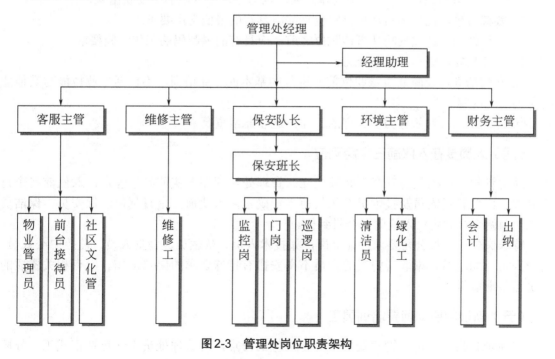

图2-3　管理处岗位职责架构

管理处人员定编的步骤如下。

首先，根据物业项目的整体资源状况和相应的等级管理标准，为确保服务品质，设置最低的人员编制底线，这个底线是不能突破的。

管理处定员定编人数计算公式为：

管理处定员定编人数＝（总建筑面积＋绿化面积＋红线内道路面积）÷人均管理面积定额（平方米／人）

至于物业项目管理具体要聘用的清洁工、绿化工、保安员、维修工的人数，哪个专业的人可以多用一些，哪个专业的人可以少用一些，需要由管理处经理根据物业小区的具体资源与客观情况来决定。

（三）编写物业管理职位说明书

在管理处经常会遇到这样一些管理现象，如各部门主管总是抱怨员工工作责任心不强，办事一点儿也不积极；而员工们则抱怨企业里的分工太不明确，职责界限也不清楚，工作起来没有权力，领导也不支持。这些现象背后的问题其实就是企业缺少一个合理的授权和告诉员工的工作职责。要解决这个问题其实很容易，那就是编写物业管理职位说明书，用职位说明书告诉员工该做什么，有什么权力可行使，哪些工作不是自己的，哪些是自己应该做的工作，不要出现发生了一些好事大家争、坏事大家推的现象。

物业管理职位说明书不要太烦琐，尽量简单明了，内容通常包括以下几点。

① 职位的基本信息，包括职位名称、所在部门、直接上级、定员、部门编码、职位编码。

② 职位说明或岗位职责。重点描述从事该职位的工作所要完成或达到的工作目标，以及该职位的主要职责权限等。

③ 工作内容。此栏详细描述该职位所从事的具体的工作，应全面、详尽地写出完成工作目标所要做的每一项工作。

另外，在招聘过程中还有一些具体要求，也会在职位说明书中反映出来，如下所示。

① 教育背景，此项填写从事该职位目前应具有的最低学历要求。

② 工作经历，此项反映从事该职位之前，应具有的最起码的工作经验要求。

③ 专业技能、证书与其他能力。

④ 专门培训，反映从事该职位前应进行的基本的专业培训，不包括专业技能与其他能力所列出的内容。

⑤ 体能要求，对于体力劳动型的工作，这项非常重要。

（四）人员要在入伙前三个月到位

通常管理处在入伙前三个月必须成立。管理处经理在入伙前半年确定，入伙前三个月要到位。部门管理人员及技术员在入伙前半年确定，入伙前三个月到位。保安员、保洁员在入伙前两个月确定，入伙前一个月到位。

特殊岗位应当按公司要求持证上岗，如技术人员、救生员、食堂人员、监控中心人员、管理人员、司机等，未取得资质的人员不得安排有特殊要求的岗位工作。没有相关资质的人员需限期取得。

（五）新项目启动前要培训员工

在新项目启动之前，管理处要针对各岗位的特点，对管理处员工（包括正式工、外聘工、临时工）的工作能力进行评估，有针对性地开展岗前培训，主要有以下几个方面。

① 管理处全体员工　物业公司发展史、质量方针、质量目标、小区基本情况、小区内设备（供水、供电、排水、消防、运载、弱电等）情况、甲方基本情况、物业管理各综合服务的标准及要求、常用礼仪礼节、常用礼貌用语等。

② 清洁工　清洁保养方法、清洁工作标准、清洁工作程序。

③ 保安员　各岗位工作标准、各岗位工作程序及相关的管理规定学习、监控及消防系统操作培训等。

④ 绿化工　绿化养护方法、绿化工作标准、绿化工作程序等。

五、管理制度的设计

健全的制度是管理处规范运作的基础。管理处在接管期间应高度重视各项制度的健全工作，以公司管理部制定的《物业管理服务标准规范文本》为指导，尽快完善管理处的各项规章制度。在制度未出台之前，管理处可采取召开专题会议、形成会议纪要的方法来临时规范各项工作，一旦时机成熟，就应形成制度。管理制度说明见表2-2。

表2-2　管理制度说明

序号	制度类别	内容说明
1	管理处各岗位的岗位职责	经理岗位职责、副经理岗位职责、各部门负责人岗位职责和各基层岗位的岗位职责等
2	管理处日常管理制度	公文管理、印章管理、电脑管理、会议管理、财务管理、考勤管理、值班管理、收费管理、投诉管理、人力资源管理、维修管理、员工请休假管理、员工宿舍管理等
3	管理处清洁工作手册	管理处清洁质量监管办法、各岗位清洁工作标准、各岗位清洁工作程序等
4	管理处保安工作手册	保安工作管理规定、岗位工作标准、岗位工作程序、保安巡检路线图、人员出入管理规定、人员来访接待管理规定、车辆出入管理规定、物品出入管理规定、保安交接班管理规定等
5	管理处设备管理工作手册	管理处设备管理规定、设备台账、各设备的操作规程、各设备的保养维修计划、各设备的维修保养运行记录、各设备故障紧急处理措施等
6	管理处绿化管理工作手册	管理处绿化管理规定、绿化植物台账、各植物的习性及养护方法、各植物的养护计划、各植物的养护记录等
7	管理处紧急情况应急处理程序	常用电话号码、火灾应急处理程序、治安应急处理程序、停电应急处理程序、停水应急处理程序、液化石油气泄漏应急处理程序、电梯困人应急处理程序、台风应急处理程序、盗警应急处理程序、其他应急处理程序等

注：物业项目经理应根据各项服务的外包/内管情况对各项服务的工作手册进行相应调整。

六、建立管理处运作机制

物业管理是一项涉及面非常广泛的复杂工作，系统的内外协调、内外运作对做好物业管理工作至关重要。

为了确保物业管理的各项目标能够按时有效地落实，保证管理成效，须明确参与物业项目管理的有关机构或管理部门各自的职责和承担的作用，对物业项目的管理实行执行机构、责任机构、监督机构有机结合的管理机制和管理体系，如图2-4所示。

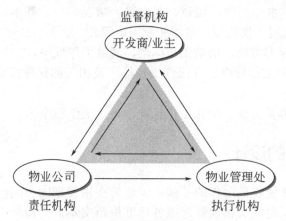

图2-4　三个机构的运作机制图

（一）物业管理执行机构——物业管理处

物业管理处作为负责物业管理的具体实施机构，向业主负责，保证物业管理的各项工作及环节均达到卓越和令顾客满意。

① 依照物业公司制定的综合管理计划全面开展各项管理服务工作。
② 对各项管理服务环节和管理服务目标负责。
③ 做好各项详细的管理质量记录。
④ 及时处理顾客对物业管理工作的各种意见和建议。

在内部管理运作上，物业管理处采取将管理活动和管理手段构成一个连续封闭回路的模式，注重管理程序的封闭性，形成有效的管理运作流程（指挥、执行、监督、反馈），如图2-5所示。

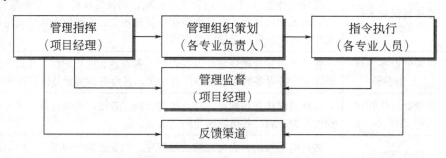

图2-5　物业管理处内部运作示意图

（二）物业管理责任机构——物业公司

物业公司是落实物业管理服务目标的最终责任人，负责对物业管理及服务状况的整体监控和指导，就管理服务状况最终向委托方负责。

① 制订综合管理服务计划和综合管理服务目标。
② 组建精干高效的管理机构和员工队伍。
③ 作为物业项目管理运作的支持系统向物业管理处提供包括人事、质量、财务等管理

工作全方位的支持和督导。

④ 定期向业主进行满意度调查，听取各方对物业管理工作的意见和建议，总结管理状况，不断提高管理水平。

（三）物业管理监督机构——开发商以及业主

开发商和业主负责对物业管理服务工作、财务收支以及大、中型维修项目进行监督评审。
① 定期审核管理服务报告。
② 不定期与物业管理处进行交流，提出意见和建议，促进物业管理活动的有序开展。
③ 审核物业管理处提出的整改方案，协助完善物业及配套。

七、制订管理处入驻后的工作计划

物业管理处成立后，就要着手进行各项工作，准备接管验收及业主入伙，而要使各工作有序进行，物业项目经理一定要制定好各项计划，包括以下内容。
① 员工招聘计划。
② 员工培训计划。
③ 前期介入与接管验收计划。
④ 入伙工作计划等。

第二节　物业承接查验

物业的接管验收是直接关系到今后物业管理工作能否正常开展的重要环节。物业公司通过接管验收，即由对物业的前期管理转入到对物业的实体管理之中。因此，为确保今后物业管理工作能顺利开展，物业公司必须对工程进行认真验收，以分清工程缺陷的整改责任，及时为业主追讨应得的补偿，避免业主不必要的负担。

一、明确接管验收交接双方的责任

（一）建设单位的责任

① 提前做好房屋交验准备。房屋竣工后要及时提出接管验收申请，未经接管验收的新建房屋一律不得分配使用。
② 在接管验收时，应严格按照接管验收标准进行验收，验收不合格的负责返修。
③ 房屋接管交付使用，如发生重大质量事故，应由接管单位会同建设、设计、施工等单位，共同分析研究，查明原因，如属设计、施工、材料的原因由建设单位负责处理。如属使用不当、管理不善的原因，则应由接管单位负责处理。
④ 按规定负责保修，并应向接管单位预付保修保证金和保修费。
⑤ 新建房屋接管后，应负责在3个月内组织办理承租手续，逾期不办的应承担因房屋空置而产生的经济损失和事故责任。

（二）接管单位（物业公司）的责任

① 对建设单位提出的验收申请，应在15日内审核完毕，及时签发接管验收文件。

② 经检验符合要求，应在7日内签署验收合格凭证，并及时签发接管验收文件。

③ 接管验收时，应严格按照接管验收条件进行验收，对在验收中发现的问题应明确记录在案，并会同建设单位共同协议处理办法，商定复验时间，督促施工单位限期改正。

④ 房屋接管交付使用后，如发生重大质量事故，应会同建设、设计、施工等单位，共同分析研究，查明原因。如属管理不善的原因，应负责处理。

⑤ 根据协议，可负责代修、保修。

接管验收时如有争议，交接双方应尽可能协商解决，如不能协商解决时双方均应申请市、县房地产管理机关进行协调或裁决。

二、成立接管验收小组

为顺利进行物业承接验收，物业公司应成立物业承接验收工作组，并根据业务类别和工作需要分设若干个小组，如联络小组、物业共用部位查验小组、共用设施设备查验小组、资料接管小组、财务接管小组等。物业承接验收工作组应由素质好、业务精、对工作认真负责的管理人员及技术人员组成。

承接验收工作组成立后，应明确各小组的工作范围和职责，各个工作小组要详细划分承接验收的范围，做到全面承接验收，不留死角、无遗漏。同时要明确各自的职责，要合理搭配管理人员和技术人员。

三、审核并确认接管验收

（一）审核并确认的工作程序

通常新建房屋竣工后，地产公司会发出"接管验收邀请函"，物业公司应在接到这一函件之后的5～10个工作日内对该物业是否已具备接管验收条件予以审核并记录《新建房屋具备接管验收条件审核单》，确认是否同意接管验收。

如果同意接管验收，则物业公司应与地产公司签订《新建房屋交接责任书》，并签发《验收通知》约定时间验收。

物业接管验收的条件主要有以下几个。

1. 建设工程全部施工完毕，并经竣工验收合格

全部施工完毕是指工程范围不仅是房屋的主体工程，而且也包括房屋的附属工程，以及设计规定应与主体工程同步交验的配套项目（不得漏项、甩项）。住宅小区内分期建设的工程项目，可以分阶段组织验收、交接，但公用项目未竣工不得影响前期接管工程的正常使用。

竣工验收合格，是指由建设单位会同施工单位及有关专业主管部门，按照国家建筑施工验收规范及其他专业质量标准进行工程竣工验收，由验收部门对工程项目进行检查、考核、鉴定，取得数据资料、凭证，证明符合标准，工程合格，呈报批准通过。

2. 供电、采暖、给排水、卫生、道路等设备和设施能正常使用

这是要求供水、供电、供气等设施正常运转，做到电通、水通、气通、路通（高级住宅还要求电话线路进户，电视信号到位，安全技防联网），并做到以下几点。

① 雨水、污水排放畅通。
② 废弃物处理落实。
③ 绿化面积达标。
④ 房屋配套齐全。
⑤ 设备功能完备，满足业主生活必需的要求。

3. 房屋、户编号须经有关部门确认

这要求建设单位在房屋竣工验收前，应同当地公安部门联系，确认幢、户编号，提前申领门牌，并安装到位。以免业主入住后，无法申报户口，影响粮油供应、入托入学、就业安置、邮电通信，同时避免幢、户编号不清，给产权登记、物业管理、房产交易带来后遗症。

（二）不能同意接管验收的情况

对以下情况，管理处有权拒绝承接物业（如建设单位认可现状，同意管理处代管免责情况除外）。

① 严重违反国家有关技术规范。
② 未能通过有关政府职能部门的验收。
③ 工地与交付物业不能有效隔离。
④ 机房不能完全独立封闭。
⑤ 其他可能危及设备正常运行和入住人身安全的物业。

四、编写接管验收方案

在接管验收前，物业公司应提前编制接管验收流程。由物业公司各专业人员组建验收小组，明确分工，编制验收方案。在方案中，要确定验收时间、验收标准、验收整改期限等内容，并绘制接管验收流程图，加强工作的计划性及严肃性，使接管验收工作有条不紊地进行。物业公司可以在方案中建议接管验收，最好开发商、放工方和物业公司三方同时在场验收。接管验收方案的内容如下。

① 验收时间。
② 验收项目。
③ 验收范围及内容。
④ 预交接工程接管验收条件。
⑤ 交接验收组织计划。
⑥ 交接验收流程。
⑦ 接管验收期间工作安排。

五、确定验收标准

作为乙方的物业公司要为开发商提供物业接管验收标准及接收原则，规范开发商的收尾工程工作，明确责任，保证物业接管及业主入住的顺利。在验收标准的确定上，物业公司既要依据国家标准及现场考察情况编写，又要依据物业管理委托合同中的服务标准来进行编制。

通常而言，新建房屋接管验收标准见表2-3。

表2-3 新建房屋接管验收标准

序号	部位	验收标准
1	主体结构	（1）地基基础的沉降不得超过建筑地基基础设计规范的规定范围；不得引起上部结构的开裂或相邻房屋的损坏 （2）钢筋混凝土构件产生变形、裂缝，不得超过钢筋混凝土结构设计规范的规定值 （3）木结构应结点牢固，支撑系统可靠、无蚁害，其构件的选材必须符合结构工程施工及验收规范规定 （4）砖石结构必须有足够的强度和刚度，不允许有明显裂缝 （5）凡应抗震设防的房屋，必须符合建筑抗震设计规范的有关规定
2	外墙	不得渗水
3	屋面	（1）各类屋面必须符合屋面工程及验收规范和规定，排水畅通、无积水、不渗漏 （2）平屋面应有隔热保温措施，3层以上房屋在共用部位设置屋面检修孔 （3）阳台和3层以上房屋的屋面应有排水口、出水口、檐沟，落水管应安装牢固、接口严密、不渗漏
4	楼地面	（1）面层与基层必须粘接牢固、不空鼓。整体面层平整，不允许有裂缝、脱皮和起砂等缺陷；块料面层应表面平整，接缝均匀顺直，无缺棱掉角 （2）卫生间、阳台、盥洗间地面及相邻地面的相对标高应符合设计要求，不应有积水，不允许倒泛水和渗漏 （3）木楼地面应平整牢固、接缝密合
5	装修	（1）钢木门窗应安装平正牢固、无翘曲变形、开关灵活、零配件装配齐全、位置准确。钢门窗缝隙严密，木门窗缝隙适度 （2）进户门不得使用胶合板制作，门锁应安装牢固；底层外窗、楼层公共走道窗等，均应装设铁栅栏 （3）木装修工程应表面光洁、线条顺直、对缝严密、不露钉帽、与基层必须钉牢。门窗玻璃应安装平正、油灰饱满、粘贴牢固 （4）抹灰应表面平整，不应有空鼓、裂缝和起泡等缺陷 （5）饰面砖应表面洁净、粘贴牢固、阴阳角与线角顺直、无缺棱掉角 （6）油漆、刷浆应色泽一致，表面不应有脱皮、漏刷现象
6	电气	（1）电气线路安装应平整、牢固、顺直，过墙应有导管。导线连接必须紧密，铝导线连接不得采用铰接或绑接。采用管子配线时，连接点必须紧密、可靠，使管路在结构上和电气上均连成整体并有可靠的接地。每回路导线间和对地绝缘电阻值不得小于1兆欧/千伏 （2）应按套安装电表或预留表位，并有电器接地装置 （3）照明器具等低压电器安装支架必须牢固、部件齐全、接触良好、位置正确 （4）各种避雷装置的所有连接点必须牢固可靠，接地阻值必须符合电气装置工程施工及验收规范的要求 （5）电梯应能准确地启动运行、选层、平层、停层，曳引机的噪声和震动声不得超过电器装置安装工程及验收规范的规定值。制动器、限速器及其他安全设备应动作灵敏可靠。安装的隐蔽工程、试运转记录、性能检测记录及完整的图纸资料均应符合要求 （6）对电视信号有屏蔽影响的住宅，电视信号弱或被高层建筑遮挡及反射波复杂的地区的住宅，应设置电视共用天线 （7）除上述要求外，同时应符合地区性"低压电气装置规程"的有关要求

续表

序号	部位	验收标准
7	水卫消防	（1）管道应安装牢固，控制部件启闭灵活、无滴漏。水压试验及保温、防腐措施必须符合采暖与卫生工程施工及验收规范的要求，应按套安装水表或预留表位 （2）高位水箱进水管与水箱检验口的设置应便于检修 （3）卫生间、厨房内的排污管应分设，出户管长不宜超过8厘米，且不应使用陶瓷管、塑料管。地漏、排污管接口、检查口不得渗漏，管道排水必须流畅 （4）卫生器具质量良好；接口不得渗漏；安装应平正、牢固；部件齐全；制动灵活 （5）水泵安装应平稳，运行时无较大震动 （6）消防设施必须符合建筑设计防火规范、高层民用建筑设计防火规范要求，并且有消防部门检验合格证
8	采暖	（1）采暖工程的验收时间，必须在采暖期前2个月进行 （2）锅炉、箱罐等压力容器应安装平正、配件齐全，不得有变形、裂纹、磨损、腐蚀等缺陷。安装完毕后，必须有专业部门的检验合格证 （3）炉排必须进行12小时以上试运转，炉排之间、炉排与壁毯之间不得互相摩擦，且无杂音、不跑偏、不凸起、不受卡、运转自如 （4）各种仪器、仪表应齐全精确，安全装置必须灵敏、可靠，控制阀门应开关灵活 （5）炉门、灰门、煤斗闸板、烟挡板、风挡板安装平正，启闭灵活，闭合严密，风室隔墙不得透风、漏气 （6）管道的管径、坡度及检查井必须符合采暖与卫生工程及验收规范的要求；管沟大小及排列应便于维修；管架、支架、吊架应牢固 （7）设备、管道不应有跑、冒、滴、漏现象；保温、防腐措施必须符合采暖与卫生工程施工及验收规范的规定 （8）锅炉辅机应运转正常、无杂音；消烟除尘、消音减震设备应齐全；水质、烟尘排放浓度应符合环保要求 （9）经过48小时连续试运行，锅炉和附属设备的热工、机械性能及采暖区室温必须符合设计要求
9	附属工程及其他	（1）室外排水系统的标高、窨井（检查井）设置、管道坡度、管径均必须符合室外排水设计规范的要求。管道应顺直且排水通畅，井盖应搁置稳妥并设置井圈 （2）化粪池应按排污量合理设置、地内无垃圾和杂物、进出水口高差不得小于5厘米。立管与粪间的连接管道应有足够坡度，并不应超过2个弯 （3）明沟、散水、落水沟内不得有断裂、积水现象 （4）房屋入口处必须做室外道路，并与主干道相通。路面不应有积水、空鼓和断裂现象 （5）房屋应按单元设置信报箱，其规格、位置符合有关规定 （6）挂物钩、晒衣架应安装牢固。烟道、通风道、垃圾道应畅通，无阻塞物 （7）单项工程必须做到工完、料净、场地清，临时设施及过渡用房拆除清理完毕。室外地面平整，室内外高差符合设计要求 （8）群体建筑应检验相应的市政、公建配套工程和服务设施，达到应有的质量和使用功能要求
10	质量与使用功能的检验	（1）以危险房屋鉴定标准和国家有关规定作为检验依据 （2）从外观检查建筑整体的变异状态 （3）检查房屋结构、装修和设备的完好与损坏程度 （4）检查房屋使用情况（包括建筑年代、用途变迁、拆改添建、装修和设备情况）。评估房屋现有价值、建立资料档案

续表

序号	部位	验收标准
11	危险和损坏问题的处理	（1）属于有危险的房屋，应由移交人负责排险解危后，方能接管 （2）属于有损坏的房屋，由移交人和接管单位协商解决。既可约定期限由移交人负责，也可采取其他补偿形式 （3）属于法院判决没收并通知接管的房屋，按法院判决处理

六、对验收人员进行培训

要组织所有参加接管验收的人员进行相关培训，确保每位验收人员都了解物业项目及其验收标准、验收程序、要求和问题的处理方法。这个步骤不可以因接收人员的经验丰富而不去实施。

根据统一安排，所有参与接管验收工作的各专业人员，包括土建、电气、电梯、暖通、空调、给排水、市政、园林绿化、保洁、保安等相关人员提前进入现场，了解房屋及设备情况，包括图纸、洽商、其他相关书面资料、施工情况、设备安装调试情况。对物业项目内的各项设备、系统进行调试。

七、准备好相应的验收表格

物业公司经常会遇到招标文件不详、图纸资料不全、现场部分设备设施满足不了管理委托合同中服务标准的要求等问题。对于这种情况，物业公司应该首先准备好接管验收表格，主要包括以下内容。

① 房屋接管资料移交清单。
② 房屋接管物业移交清单。
③ 房屋接管验收表。
④ 公共配套设施接管验收表。
⑤ 机电设备接管验收表。
⑥ 房屋接管验收遗留问题统计表。
⑦ 工程质量问题处理通知单。
⑧ 房屋主体承接查验记录。
⑨ 公共配套设施承接查验记录。
⑩ 供配电系统承接查验记录。
⑪ 给排水系统承接查验记录。
⑫ 暖通系统承接查验记录。
⑬ 消防系统承接查验记录。
⑭ 楼控系统承接查验记录。
⑮ 综合布线系统承接查验记录。

⑯ 监控系统承接查验记录。
⑰ 电梯承接查验记录。
⑱ 门禁系统承接查验记录。
⑲ 通信及安防系统承接查验记录。
⑳ 工程遗留问题统计表。

八、验收工具与物资要准备充分

物业公司在开展实地验收的时候必须采取一些必要的检验方法来查验承接物业的质量情况。所以，物业公司应根据具体情况提前准备好所需的检验设备、工具和物资等。具体见表2-4。

表2-4 验收工具与物资清单

序号	物料（工具）名称	配备数量	用途
1	对讲机		组员联络用
2	两极插头		试验户内电源插座
3	三极插头		试验户内电源插座
4	胶管		每根20米，引水试验地漏
5	水桶		提水试验地漏
6	打压机		水系统打压试验
7	查验记录表		查验记录
8	线号笔		校验用户电表
9	圆珠笔		查验记录
10	可写胶布		贴钥匙房号
11	单强夹		便携记录表
12	A4复写纸		复写记录
13	工具		现场使用
14	工具包		便于物品携带
15	安全帽		安全防护
16	小锤		检查空谷
17	彩色粉笔		白色、红色、绿色，标注质量缺陷位置
18	记录本		记录
19	标签纸		贴电表开关
20	灯头		试电
21	电笔		查验水表及电表
22	小手电筒		查验水表及电表
23	验电器		试验户内电源插座
24	15A转10A转换插头		试验空调插座
25	胶袋及细沙		卫生间闭水试验用
26	钢筋（1.2米长）		检查地面及天花空鼓

九、验收前应召开接管验收会议

在正式实施验收前，物业公司要与建设单位、监理公司联系，提前15日确定验收工作的参与人员和工作安排，以确保顺利验收，最好召开一次接管验收会议，依法确定接管、验收事项，明确接管、验收标准，确定不合格项整改完成时限。

十、进行资料的交接验收

物业资料属于物业管理的重要基础性资料，做好物业资料的移交，有助于物业公司对物业共用部位、共用设施设备的查验，尤其是针对隐蔽性工程如地下管网的查验，只有掌握了各设施设备相关位置分布资料，物业公司才能及时找出问题，迅速处理突发性事件。

① 各项资料的验收交接由工程部安排专人负责，资料的交接通常由开发商、物业公司、施工单位三方联合组成小组。

② 各项资料验收记录单上应有三方人员的签名，验收记录单通常一式三联，三方各执一联，三方签收交接完毕后，要分别签字。

③ 所有资料移交到物业公司后都要派专人对资料进行分类整理、保存、归档，确保接收资料完整、有序，方便以后的日常管理。

物业承接验收中的资料移交十分必要，如果相关物业资料移交不完整，物业公司就没办法全面了解整个物业的基本情况，无法掌握共用部位、共用设施设备状况，就会给日后的物业管理服务带来很大的困难。

接管验收的资料要求如下。

（一）技术数据

在物业验收接管前，开发商/业主须提供有关物业的各种技术资料和竣工图，分类立卷，在验收时交物业公司归档保存，若验收时尚未完成竣工图，必须提供最终的施工图，并附详细的设计修改说明，竣工图最迟必须在免费保修期开始后的六个星期内呈交。

物业公司将参考这些技术数据对物业的设施进行验收管理、运行、维护和保养，一般需要递交的技术数据见表2-5。

表2-5　开发商/业主须提交的技术数据

序号	类别	资料明细
1	土建、装修类	（1）建筑、装修和绿化等设计说明 （2）总平面图、建筑和结构图 （3）装修图（包括所有天花板、地面、墙面、门窗及幕墙等材料表） （4）质监站、规划局、消防局、环卫局及园林管理所等政府职能部门的验收报告 （5）土建、装修、建材和五金等供货商及厂商数据 （6）房屋面积测量报告 （7）物业沉降测试报告 （8）防水工程的盛水试验报告 （9）隐蔽工程验收鉴定
2	弱电系统	（1）各弱电系统的操作和维护保养手册（包括楼宇自动控制系统、消防自动报警系统、防盗监控系统、卫星电视系统、电话和综合布线系统、背景音响系统、车库自动化管理系统等）

续表

序号	类别	资料明细
2	弱电系统	（2）各弱电系统图、平面图 （3）弱电系统设备明细表、承包商数据及产品合格证 （4）消防局、技防办、音像管理处、有线电视台、国家安全局、电话发展总公司等政府职能部门的验收合格证明 （5）设备原理图、计算机软件程序和说明等
3	电气系统	（1）高压、低压和变配电设备操作及维护保养手册 （2）所有电气系统图、平面图、隐蔽工程验收数据及说明 （3）电气设备明细表、承包商数据及产品合格证 （4）供电局验收报告 （5）各种用电设备调试、测试报告 （6）避雷装置系统图、平面图、测试报告、防雷办验收报告
4	给排水系统	（1）喷淋、消火栓系统操作和维护保养手册 （2）消防水、给水、排水系统图、平面图及电气控制图 （3）消防喷淋、消火栓、给排水系统设备明细表、承包商数据及产品合格证 （4）消防局验收批文，卫生防疫站、自来水、城市排水检测站和质检站等政府职能部门验收报告 （5）消防水系统试压、调试及测验报告 （6）污水处理系统竣工图纸、卫生防疫站验收批文 （7）蓄水池、水箱和开水器水质检测报告
5	空调系统	（1）空调系统、送排风系统操作和维护保养手册 （2）空调、送排风系统图、平面图及电气控制图 （3）空调机组（热泵机组）、新风机组、热交换器及风机盘管等设备明细表、承包商数据及产品合格证 （4）消防局验收批文 （5）空调系统/设备试压、调试报
6	动力设备	（1）锅炉、应急发电机和电梯等设备操作和维护保养手册 （2）锅炉房、应急发电机房平面图，煤气调压站平面图和煤气系统图、平面图 （3）劳动局、质检站及煤气公司有关验收证明 （4）锅炉、应急发电机及电梯等设备的调试报告、产品合格证书 （5）煤气管道的试压报告
7	电梯	电梯正式验收移交前，施工单位需递交以下数据，以便使物业公司技术人员尽快掌握电梯的操作及紧急事故处理办法，以下为电梯移交时必须提供的资料，但不限于此 （1）市建委质监站批发的"电梯运行证" （2）市技术监督局批发的"电梯安全使用证" （3）电梯技术规格说明书 （4）电梯出厂合格证及产地来源证 （5）电梯装箱清单 （6）电梯管理与使用手册 （7）电梯一般安装标准 （8）电梯操作说明书 （9）电梯维修保养手册 （10）电梯安装图纸

续表

序号	类别	资料明细
7	电梯	（11）电梯机械及电气控制图纸 （12）电梯备品备件清单 （13）电梯操作培训手册 （14）电梯承包商竣工调试及自查记录 （15）电梯应急维修电话 （16）电梯供货商和安装单位联系人、电话、传真等数据
8	其他	开发商、承包商认为需要提供的其他资料

（二）验收应提供的操作和维修保养手册

承包单位在物业移交前，须递交设备/系统的操作和维修保养手册（以下简称"手册"），以确保物业公司操作人员能尽快掌握验收设备/系统的操作和管理，一般有以下要求。

① 承包单位须在设备/系统验收前一个月递交手册，以便物业公司的操作人员有时间了解该验收设备/系统的基本情况。

② 手册内所有内容都应以中文编印，文字、插图和表格等效果清晰显示。

③ 每一系统应独立成册，以减少每册的厚度，不同内容或章节应以塑料索引标签分隔，并附有清楚的目录指示，以便操作人员翻查参考。

④ 为使手册便于使用，手册应采用优质的A4标准纸张编印，配上坚硬的封面和书背，并以胶质塑料或其他耐磨损的材料作保护。

⑤ 手册须同时附有本项目的"竣工图"目录，按所属系统分列于有关系统的章节内。如某一图纸同时适用于多个系统时，则需在每个有关系统章节内同时列出。若递交手册时尚未完成竣工图，必须提供最终的施工图，并附详细的设计修改说明，竣工图最迟必须在免费保修期开始后的六个星期内呈交。

⑥ 要提供系统操作、设备操作、维修保养及安全方面的技术数据，见表2-6。

表2-6 接管验收时应提供的技术数据

序号	类别	资料明细
1	系统操作需提供的技术数据	（1）系统正常运行程序和在不正常情况发生时的应变程序 （2）详尽介绍每个独立系统如何调节、控制、监察和调校 （3）说明系统内所有的管道和接线图，主要设备和部件的规格及功能 （4）提出每个系统的可调节部件和保护装置的最初调校参数，并预留一定的空位以便加插最后调定的参数 （5）系统中有关供电、配电屏和控制屏的详细说明
2	设备操作需提供的技术数据	（1）设备正常启闭程序和出现异常情况时停机程序 （2）详尽介绍每台独立设备如何调节、控制、监察和调校 （3）所有设备的原厂所发的随机文件、图纸数据，包括每块电路板的电路图，以及所有电子组件的布置图，如有需要，还需提供部件分解图，以显示各部件的位置 （4）列出所有设备的生产制造厂商、型号、系列编号、经调试运行后所设定的参数 （5）所有设备的产品说明书、合格证书、生产厂商测试报告以及性能指针图表等数据

续表

序号	类别	资料明细
3	设备/系统维修保养需提供的技术数据	（1）所有设备/系统检查手册 （2）设备更换部件的程序和要求 （3）从整个系统到设备的维修保养说明，调校的操作程序和寻找故障的方法 （4）执行运作和维修保养程序时应特别注意的事项 （5）常见故障的处理和解决方法 （6）提出设备/系统保养制度，列明主要设备每天、每周、每月、每季、每年及五年需记录和维护保养的内容和方法
4	安全保险需提供的技术数据	（1）各类设备的保护操作程序 （2）对各项系统操作时可能发生的事故危险应做的预防、应变和保护措施说明 ① 电气事故保护 ② 机械事故保护 ③ 火灾和爆炸事故保护 ④ 化学事故保护 ⑤ 燃料和化学物品出现的事故保护 ⑥ 急救和事故报告
5	在任何设备或控制系统中所采用的计算机专用软件，需提供的技术数据	（1）软件内容目录表打印本 （2）流程图、数据表和程序说明 （3）特殊的软件和工具的使用说明 （4）程序设计和系统使用手册 （5）应用的基本软件、专用工具和通用软件数据，便于业主进一步修改和发展软件

相关知识

不移交物业资料须承担法律责任

国家《物业管理条例》设置了相应的法律责任。

1. 责令限期改正

对于开发建设单位、物业公司这类违法行为，首先由县级以上地方人民政府房地产行政主管部门责令其在规定的时间内，将承接物业的有关资料移交给物业公司。在实践中，由于前期物业管理中，物业公司由开发建设单位选聘，有的甚至是开发建设单位出资成立的物业公司，因此，即使开发建设单位未依法移交有关资料，物业公司并不积极向开发建设单位主张移交资料的权利，致使业主权利受到侵害。

2. 通报和罚款

开发建设单位、物业公司未在房地产行政主管部门规定的时间内移交有关资料的，由县级以上地方人民政府房地产行政主管部门给予通报，同时，处1万元以上10万元以下的罚款。这里的"通报"并非行政处罚，而是指房地产行政主管部门在一定范围内对违反行政管理秩序的行为给予"批评"，予以公示的行政监督手段。

十一、对房屋实体进行验收

房屋实体验收其实就是对物业共用部位、共用设施设备进行查验。物业公司必须做好这项工作,因为物业公司日常工作的重点在于共有设施设备的维护。如果共有设施设备本身存在缺陷或因为其他原因不能正常投入适用,势必直接导致物业公司无法正常开展管理工作,无法正常地为业主提供服务,更谈不上为业主提供优质的让业主满意的服务。另外,共用设施设备的缺陷必将导致物业公司管理上不可控制的因素增加,轻则增加管理成本,重则引发管理责任事故,给业主和物业公司造成直接经济损失,甚至难以弥补的安全责任事故。

(一)实体验收的内容与要求

实体验收的内容与要求见表2-7。

表2-7 实体验收的内容与要求

大类	验收项目	验收要求
房屋及分户设施	(1)房屋墙、地、门、窗装修情况 (2)有线电视、电话、智能化系统情况 (3)水、电、气设施,五金器具及其他设施(按设计及房屋销售合同的规定) (4)其他(按房屋使用功能划分,各功能房屋具有各不相同的功能设施)	(1)房屋主体和分户(层)设施符合设计要求并具备使用条件 (2)设施项目、数量符合售楼合同、规划建设的规定 (3)房屋主体和分户设施的质量和使用功能必须符合《房屋接管验收标准》的有关规定 (4)同开发商和保修单位签订有关保修协议,明确保修期限和保修项目
公共设备设施	(1)给排水系统 (2)电气系统 (3)燃气系统 (4)空调系统 (5)消防系统 (6)通信系统 (7)智能化系统 (8)电梯系统 (9)园林绿化系统 (10)公共配套设施及公共照明系统 (11)管理配套系统(含管理房、停车场、车棚、垃圾房等) (12)其他系统	(1)各项工程通过竣工验收,物业满足入住使用条件 (2)公用设施完善,符合小区的规划记载 (3)物业主体及各系统的质量和使用功能应符合《房屋接管验收标准》的相关规定

(二)注意事项

在进行房屋的实体验收时必须要做到以下几点。

1. 掌握物业共用部位和共用设施设备的数量、状态和性能

对物业共用部位、共用设施设备进行查验,主要是摸清情况,掌握和了解物业的数量、状态和性能,便于物业公司根据实际情况,采取适当方式维护物业,确保物业具备正常使用功能。

这在前期物业服务阶段尤为重要,因为,前期物业管理是一个物业管理区域实施物业管理的开端,通过认真的查验,对于物业共用部位、共用设施设备情况的全面掌握,可以及时发现缺陷和隐患,督促建设单位及时维修、补救,为后续物业管理打下良好基础。

2. 对问题要记录好,且交接双方要确认

对物业共用部位、共用设施设备存在的问题进行记录,由开发建设单位和物业公司进行确认,分清责任。

在实践中,有一些属于建设单位子公司的物业公司或急于承揽业务的物业公司对物业不进行认真细致的查验,或者只是流于形式地进行查验。一旦出现质量问题,一些业主认为是物业公司维护不力,而物业公司却认为是建设单位移交的物业存在质量缺陷,与建设单位互相推诿责任,不少物业公司为此最终不得不承担本应由建设单位负责的物业维修责任。

因此,在前期物业管理阶段,物业公司一定要认真做好与建设单位的交接查验工作,对于发现的质量问题要明确责任,由物业建设单位进行整改和完善。

3. 不合格问题要及时处置

对在接管验收中所出现的被判定为不合格的所有问题,物业公司应向建设单位出具书面"质量问题整改通知单",要求建设单位在限定时间内对不合格问题完成整改事宜。

对在规定时间完成整改有困难的,建设单位需以书面形式做出解释,并做出完成整改时限书面承诺,完成整改后,物业公司应对整改问题进行复检。复检合格经双方签字确认后,完成整改复检工作程序。

在实际工作中,由于接管验收具有时限约定,所以在处理不合格问题时,物业公司在征得移交方的同意,并在下达不合格整改通知后,可以先对不合格项进行接收,再由物业公司监督建设单位在规定时限内完成整改工作。

4. 验收合格要签署"验收通过证明"

验收合格,物业公司应在5个工作日内签署"验收通过证明"。

十二、处理接管验收的遗留问题

(一)资料验收遗留问题

对资料验收中发现的资料不全、不真实、不合格等问题,接管验收小组应当将问题逐项记录在"接管验收资料遗留问题登记表"中,并交开发商对接负责人签字确认;对物业硬件设施接管验收中发现的不合格问题,接管验收小组应当将问题逐项记录在"接管验收设备设施问题登记表"中,并交开发商对接负责人签字确认。

接管验收小组应当积极同开发商联系,让开发商补齐资料,必要时公司领导应当协助开展工作。

(二)关于物业硬件设备和设施遗留问题

接管验收小组应当要求开发商在两周内解决;对于重大问题,接管验收小组应当要求开发商在一个月内解决,必要时公司领导应当协助开展工作。

（三）关于长期解决不了并势必会影响物业管理的问题

物业公司应当以备忘录的形式将问题登记后交给开发商。

十三、明确交接验收后的物业保修责任

物业保修责任是指建设单位有对物业竣工验收后在保修期内出现不符合工程建筑强制性标准和合同约定的质量缺陷，予以保证修复的责任。物业公司应同建设单位和保修单位签订三方保修协议，明确保修期限和保修内容。

（一）保修的范围

各种建筑物、构筑物和设备安装工程的保修范围如下。
① 屋面漏雨。
② 烟道、排气孔道、风道不通。
③ 室内地坪空鼓、开裂、起砂、面砖松动，有防水要求的地面漏水。
④ 内外墙及顶棚抹灰、面砖、墙线、油漆等饰面脱落，墙面浆起碱脱皮。
⑤ 门窗开关不灵或缝隙超过规范规定。
⑥ 厕所、厨房、盥洗室地面泛水、倒坡积水。
⑦ 外墙外漏水、阳台积水。
⑧ 水塔、水池、有防水要求的地下室漏水。
⑨ 室内上下水、供热系统管道漏水、漏气，暖气不热，电器、电线漏电，照明灯具坠落。
⑩ 室外上下管道漏水、堵塞，小区道路沉陷。
⑪ 钢、钢筋混凝土、砖石砌体及其他承重结构变形、裂缝超过国家规范和设计要求。

（二）保修期限

保修期限自移交手续办理完之日起计算，根据《建筑工程保修办法（试行）》的相关规定，各类工程的保修期分别如下。
① 民用与公共建筑、一般工业建筑、构筑物的土建工程为1年。
② 建筑物的照明电气、上下水管线安装工程为6个月。
③ 建筑物的供热、供冷系统为一个采暖、供冷期。
④ 室外的上下水和小区道路为1年。
⑤ 工业建筑的设备、电气、仪表、工艺管线和有特殊要求的工程，其保修内容和期限，由使用单位和施工单位在合同中规定。

（三）如何落实保修事宜

交接验收后的物业应落实保修事宜，物业公司与建设单位，应按照建设部《建筑工程保修办法（试行）》的规定签订保修实施合同，明确保修项目内容、进度、期限、方式等。

为了保证保修及时，交接双方可以根据具体情况协商采取下列方法。
① 建设单位委托物业公司负责包干保修，由建设单位一次性拨付保修费用，由物业公司包干使用，费用标准双方依据物业质量商定。

② 由建设单位一次性向物业公司预付保修金，由物业公司用于应急代修，保修期满，按实结算保修金金额一般不低于当地直管公房每平方米建筑面积的年均维修费用。

③ 由建设单位落实一支维修小分队，在保修期内，留驻在住宅小区，承担各项保修任务。

在实际工作中需要特别注意的是，有的开发建设单位认为已经与物业公司进行了物业承接验收而拒绝承担维修责任，这实际上混淆了开发建设单位在与施工单位、物业公司、房屋买受人之间的不同法律关系中应承担的义务。物业承接验收只能约束签订物业服务合同的双方，即开发建设单位和物业公司，而不能对抗第三人，如果业主发现物业质量问题，仍然有权依据房屋买卖合同关系，追究开发建设单位的相关责任。

 提醒您 ▶▶▶

物业公司只对接管后的物业所产生的问题负责，如在保质期内，非人为因素引发的问题仍由开发商或施工方负责。如果由于开发商在施工验收合格后没有及时移交物业公司接管，使物业公司接管后的设备保质期缩短，物业公司应向开发商提出，要争取补回原来的保质期。

十四、办理交接手续

对于已签署"验收通过证明"的新建房屋双方应在规定时间内办理交接手续，并应及时签发"接管通知单"。

物业接管小组应制作房屋及公用设施竣工和接管验收交接表及物业整体移交验收表，物业公司即正式接管。"物业整体移交验收表"应一式三份，由施工单位、建设单位和物业公司三方签章后各执一份。

十五、验收后入住前的设施成品保护

在物业公司接管验收后业主入住前，要对设施设备进行有针对性的保护。

（一）保护总要求

① 建立巡查制度，对已经验收的区域、机房和单元要做好巡查记录。
② 建立应急预案（包括火警、停电、管道爆裂等），及时处理突发事故。
③ 对已经接收的区域机房和单元要尽可能封闭，钥匙由专人保管。
④ 建立专门的清洁制度，专人负责已接收区域的清洁工作，发现问题及时报告。
⑤ 严禁在已经验收区域和机房内吸烟。
⑥ 严禁擅自动用已经验收的卫生洁具（特许使用的除外）。
⑦ 不得在验收后的区域内用餐。
⑧ 准备必要的运输工具（四边有橡胶保护的塑胶轮小车、塑料搬运箱等）及保护用品（阻水沙袋、旧地毯、塑料保护膜、垃圾袋、鞋套等）。

⑨ 建立消防安全制度，遇有动火整改维修，必须办理相关手续，并按要求规范配置灭火器具。

（二）具体项目的保护要点

不同项目的保护重点和要点也不一样，见表2-8。

表2-8 具体项目的保护要点

序号	项目	保护要点
1	石料地坪	（1）在清洁结束后的石料地坪表面打上封底蜡及多层致密的保护蜡 （2）禁止在地坪上拖曳杂物，防止表面受损 （3）经常保持表面清洁以减少磨损 （4）在必经的通道上铺上木板加强保护
2	木地板	（1）进入地板区域建议穿上鞋套 （2）保持木地板区域的良好通风且避免阳光直射 （3）遇有整改维修工作时不得将工具随意放置在地板上 （4）严防水管破裂和下水道堵塞导致地板浸水
3	墙面、墙角及天花板	（1）搬运大件物品时必须有专人看护行进路线 （2）开启检修孔时操作人员必须戴上清洁手套 （3）在经常有搬运物品进出的墙角用木板做直角保护 （4）在墙边进行整改维修时，必须在墙上贴有保护胶纸
4	地毯	（1）进入地毯现场必须穿鞋套 （2）在地毯区域内有整改维修时，必须铺设保护胶纸 （3）发现有抽丝、起壳、起皱现象，必须及时修补
5	管道	（1）所有装修必须按照要求进行，不得擅自更改管线走向 （2）所有打洞、敲钉、安装必须确保不损坏暗埋的管线 （3）管道的保温层不得损坏 （4）做好地漏的巡查保护，防止堵塞 （5）消防水喉必须有专人管理巡查，严禁挪作他用
6	电梯	（1）不得随意撕去轿厢内饰的保护贴膜 （2）在桥厢内壁设置保护板 （3）禁止装运散装的建筑材料及湿货 （4）准备阻水沙袋，严防电梯井道进水

第三节 物业清洁开荒

清洁"开荒"是指管理公司在完成物业的竣工验收、接管验收之后，对物业内外进行全面、彻底的清洁，将干干净净的物业交给物业所有者。清洁开荒的具体内容包括清运小区或楼宇内外建筑垃圾；清除墙面、地面、玻璃的灰尘和污垢；清扫公用部位和公共场所的灰尘和垃圾。

一、开荒清洁的重要性

在物业建筑工程中常常会留下许多垃圾污垢，建筑方一般只做一些简单的垃圾清理工作，不会对建筑物进行全面、彻底的清洁护理。这种新建成的建筑物第一次专业保洁称为开荒清洁；它是一种"突击式、会战式"的清洁，又是物业保洁之首。

由于建筑工程中常常会遗留下许多垃圾污垢，各种地面、墙壁上会遗留下水泥浆块、油漆、玻璃胶、水渍、锈迹等；这些都必须在开荒工作中清洗干净，所以它是一项最艰苦、最复杂、最费神的工作，而且专业性、技术性、综合性较强；因此，保洁人员必须经过专业技术培训，使用专业的设备、工具、清洁剂（药剂），按科学的管理方法和严格的保洁作业程序、技术规范，对物业内、外进行专业的开荒清洁，才能保证质量，提高效率。

二、开荒工作要求

所有开荒人员必须牢固树立"安全第一"的工作理念，各级人员按职责规定统一形象、统一着装、统一作业，认真做到"积极进取、尽职尽责、协调有序、坚决服从、执行迅速、保质保量"的管理要求。

三、开荒管理方案制定

（一）明确开荒清洁的工作区域

① 物业内、外建筑垃圾的清理。
② 物业内、外的清洁。
③ 公用部分（外墙、道路、园艺绿化、设备房、电梯等）的清洁。

（二）开荒清洁的费用预算

① 人员成本。
② 物资成本。
③ 计划工时。

（三）开荒清洁的工作方式

1. 管理处自己做

这种方式适用于规模不大、开荒时间较充裕的物业，其优点是能锻炼清洁人员的耐劳毅力，增强清洁人员的专业本领，为今后的清洁保养奠定基础。

2. 聘请专业公司承做

① 清洁开荒工作量大，时间要求紧，需要投入大量的人力资源，特别是有些项目的清洁风险程度高，如高空外墙清洁。
② 专业性强的项目，如不同质地表面污迹的清洁要用不同性质的清洁剂（药剂）。
③ 清洁工具要求较高的项目，如大堂、中厅天花板的清洁需要用升降机等。

3. 管理处自己做与聘请专业公司相结合

物业服务公司立足于自己做开荒，但对一些专业性很强或风险程度高的项目，则委托专业的清洁公司去做，而其他室内的清洁，如洗地、擦窗、抹灰等一般性的工作由自己做。

 特别提示 ▶▶▶

如果要赶进度，也可以将一部分一般性的清洁工作交给专业清洁公司做，这样可以节人力和成本。

四、开荒清洁的准备工作

（一）现场查看

① 查看现场建筑、装饰所使用的材料性质，便于制定开荒清洁方案；注意在检查过程中发现有材料、装饰受到损坏，应拍照存档并及时报告上级和施工方，以便分清责任或提醒施工方及时更换。

② 查看现场施工工程进度，准确判断开荒清洁介入最佳日期。

③ 摸清开荒清洁用水和用电的位置，了解建筑垃圾的清运处理方式。

（二）物料准备

① 根据现场实际情况拟定机械设备的种类及数量。

② 根据现场实际情况拟定易耗物品的种类及数量。

③ 物资准备的品种、数量、质量，以适用、够用为原则；物资准备充分，可以减轻劳动强度，提高工作效率。

（三）人员筹备及动员

① 根据现场的工作量和清洁设备情况拟定所需人员的数量（包括清洁设备操作技术人员），如需外援，应提前做好后勤保障。

② 做好开荒人员的岗前培训（安全要求、注意事项、操作规程等）及动员工作。

 特别提示 ▶▶▶

开荒清洁必须做好准备工作，只有这样才能顺利开展实施工作，同时避免各种问题、安全事故的发生。

五、开荒清洁的组织与实施

（一）开荒清洁的基本程序原则

按先室内后室外；先高位后低位；先清垃圾再铲除污渍，然后擦拭抹尘；先粗后细的顺序进行。

(二) 人员安排

应分成若干个职能小组,分别负责不同工种、不同区域的开荒工作,并实行定人、定岗、定时、定量制。

(三) 制定相应措施

让员工明确工作任务和操作规程的措施;清除各种难处理污迹的措施;与业主(用户)、施工人员交叉作业的措施;开荒后防止再污染的措施。

六、开荒清洁的验收标准

(一) 室外公共区域

室外公共区域的验收标准见表2-9。

表2-9 室外公共区域的验收标准

序号	名称	验收标准
1	公共道路	(1) 目视地面无混凝土、泥沙、工程碎料等工程垃圾 (2) 无明显顽固性污渍(例如:油漆、涂料等) (3) 无明显的石子
2	绿化带	(1) 目视无混凝土、泥沙、工程碎料等工程垃圾 (2) 无明显大片树叶、纸屑、垃圾胶袋等杂物 (3) 绿地上无直径2厘米以上石子
3	排水明沟	(1) 目视无混凝土、泥沙、工程碎料等工程垃圾 (2) 无明显顽固性污渍(例如油漆、涂料等) (3) 应达到目视干净,无顽固污迹,无青苔、杂草 (4) 排水畅通,无堵塞、无积水、无臭味
4	环卫设施 (垃圾筒等)	目视环卫设施(垃圾筒、果皮箱等)无污迹、无油迹
5	标志宣传牌、雕塑	目视表面无明显积尘、无污迹、无乱张贴
6	沙井和污雨水井	(1) 目视无混凝土、泥沙、工程碎料等工程垃圾 (2) 无明显顽固性污渍(例如油漆、涂料等) (3) 底部无沉淀物,内壁无混凝土、砂浆等黏附物,井盖无顽固污迹
7	喷水池、鱼池	(1) 目视无混凝土、泥沙、工程碎料等工程垃圾 (2) 无明显顽固性污渍(例如油漆、涂料等) (3) 应达到目视水池清澈见底、水面无漂浮物、水底无沉淀物、池边无顽固污迹
8	天台、雨篷	(1) 目视无混凝土、泥沙、工程碎料等工程垃圾 (2) 无明显顽固性污渍(例如油漆、涂料等) (3) 无杂物、无垃圾,排水口畅通,水沟无过多沉淀污垢 (4) 无积水状态、无青苔

序号	名称	验收标准
9	广场、露天停车场（位）	（1）目视无混凝土、泥沙、工程碎料等工程垃圾 （2）无明显顽固性污渍（例如油漆、涂料等） （3）地面干净，无过多积尘、无垃圾；花坛外表洁净，无顽固污渍
10	地下管井	（1）目视无混凝土、泥沙、工程碎料等工程垃圾 （2）目视管道内壁无过多黏附物，井底无过多沉淀物 （3）井盖上无污渍、污物，排出入口畅通 （4）化粪池盖无顽固污渍、污物
11	游乐设施	（1）目视无混凝土、泥沙、工程碎料等工程垃圾 （2）无明显顽固性污渍（例如油漆、涂料等） （3）游乐设施表面干净光亮，无过多灰尘污渍、锈迹 （4）目视游乐场周围整洁干净，无果皮、纸屑等垃圾
12	游泳池及景观水池	（1）目视池底及池壁无明显积尘、泥沙、水泥浆等 （2）无明显顽固性污渍（例如油漆、涂料等）
13	楼宇外墙及玻璃	（1）目视楼宇外墙无明显积尘、泥沙、水泥浆等 （2）目视楼宇外墙无顽固性污渍（例如油漆、涂料等） （3）玻璃通透，无明显灰尘、水迹、手印，无明显顽固性污渍（例如油漆、涂料等）

（二）室内公共区域

室内公共区域验收标准见表2-10。

表2-10 室内公共区域验收标准

序号	名称	验收标准
1	大堂	（1）目视无明显灰尘 （2）无明显顽固性污渍（例如油漆、涂料等） （3）保持空气清新，无异味
2	地面	（1）目视无明显灰尘 （2）无明显顽固性污渍（例如油漆、涂料等） （3）无垃圾杂物、无泥沙、无污渍 （4）地毯无明显灰尘、无污渍 （5）花岗石、抛光砖地面需进行打蜡抛光护理 （6）不锈钢制品采用不锈钢保护油进行保护护理 （7）铜制材料采用擦铜水进行护理 （8）大理石地面进行晶面石材护理处理
3	墙面	（1）目视无明显灰尘 （2）无明显顽固性污渍及灰尘（例如油漆、涂料等） （3）玻璃幕墙玻璃通透，无明显污迹、手印及水迹 （4）大理石、瓷片、喷涂等墙面无明显灰尘

续表

序号	名称	验收标准
4	楼道梯间、走廊地面	（1）目视无混凝土、泥沙、工程碎料等工程垃圾 （2）无明显顽固性污渍（例如油漆、涂料等） （3）无明显纸屑、杂物、污迹、烟头 （4）天花板无明显灰尘、顽固性污渍 （5）花岗石、大理石地面进行打蜡护理 （6）不锈钢制品采用不锈钢保护油进行护理 （7）大理石地面进行晶面石材护理处理
5	门、窗、扶手、电子门、消防栓管、电表箱、信报箱、宣传栏、楼道灯开关等	（1）目视无混凝土、泥沙等工程垃圾 （2）无明显顽固性污渍（例如油漆、涂料等） （3）无张贴物、无明显积尘
6	电梯	（1）电梯轿箱四壁干净，无尘、无明显顽固污迹 （2）电梯门轨槽、显示屏干净，无顽固污渍；轿箱干净，无明显杂物、污渍 （3）电梯轿箱地面大理石进行晶面石材护理
7	灯罩、烟感器、出风口、指示灯	目视无明显顽固性污渍（例如油漆、涂料等）
8	玻璃门窗、镜面	（1）门框及窗框表面无明显顽固性污渍（例如油漆、涂料等）。 （2）门窗玻璃通透，无明显灰尘、污迹、手印、水迹等
9	地下室、地下车库	（1）目视地面无混凝土、泥沙、工程碎料等工程垃圾 （2）无明显顽固性污渍（例如油漆、涂料等） （3）车库、地下室地面无垃圾、杂物，无积水、泥沙、油迹 （4）车库、地下室墙面目视无明显顽固性污渍（例如油漆、涂料等） （5）车库的标志牌、消防栓、公用门等设施目视无明显顽固性污渍（例如油漆、涂料等） （6）车库内管道系统表面没有明显积尘、水泥砂浆、顽固污迹
10	公用卫生间	（1）目视无混凝土、泥沙、工程碎料等工程垃圾 （2）无明显顽固性污渍（例如油漆、涂料等） （3）地面干净，无积水、无顽固污渍、无杂物 （4）墙面瓷片、门、窗无明显灰尘，墙上无涂画 （5）目视墙壁干净，便器洁净，无黄渍 （6）大理石地面进行晶面石材护理
11	公共活动场所	（1）目视地面无混凝土、泥沙、工程碎料等工程垃圾 （2）无明显顽固性污渍（例如油漆、涂料等） （3）天花板、灯具、出风口等无明显顽固性污渍（例如油漆、涂料等） （4）玻璃、镜面光亮，无明显顽固性污渍（例如油漆、涂料等） （5）地毯（板）干净，无污迹、纸屑等 （6）金属件表面光亮；器械整洁无浮尘、污迹 （7）饰柜产品整洁，无明显顽固性污渍（例如油漆、涂料等） （8）花岗石、大理石地面进行打蜡护理 （9）大理石地面进行晶面石材护理

(三)室内装修单位和毛坯单位

1. 精装修、豪装修、示范单位

精装修、豪装修、示范单位验收标准见表2-11。

表2-11 精装修、豪装修、示范单位验收标准

序号	名称	验收标准
1	地面	(1) 无顽固性污渍（例如油漆、涂料等） (2) 无垃圾杂物、无泥沙、无污渍 (3) 地毯无明显灰尘、无污渍 (4) 柚木地板采用挥发性封剂保护护理 (5) 不锈钢制品采用不锈钢保护油进行护理 (6) 铜制材料采用擦铜水进行护理 (7) 大理石地面进行晶面石材护理处理
2	墙面	(1) 无顽固性污渍（例如油漆、涂料等） (2) 大理石、瓷片、喷涂等墙面无明显灰尘 (3) 墙纸干净、无明显污渍
3	楼道梯间、走廊地面	(1) 无顽固性污渍（例如油漆、涂料等） (2) 无明显纸屑、杂物、污迹、烟头 (3) 天花板无明显灰尘、无顽固性污渍 (4) 大理石地面目视干净，无顽污渍 (5) 水磨石地面和水泥地面目视干净，无明显杂物、污迹 (6) 花岗石、大理石地面进行打蜡护理 (7) 柚木地板采用挥发性封剂保护护理 (8) 不锈钢制品采用不锈钢保护油进行护理 (9) 大理石地面进行晶面石材护理处理
4	门、窗、梯级扶手、电子门、灯开关等	(1) 无污渍（例如油漆、涂料等） (2) 无张贴物、无明显积尘
5	灯罩、烟感器、出风口、指示灯	(1) 目视无明显污渍（例如油漆、涂料等） (2) 无明显灰尘
6	玻璃门窗、镜面	(1) 玻璃表面无明显污渍（例如油漆、涂料等） (2) 玻璃门窗镜面通透，无明显灰尘、水迹、手印
7	家具、家私等饰品	(1) 目视无明显顽迹、灰尘、污渍 (2) 用纸巾擦拭，无明显灰尘
8	阴生植物、盘栽	(1) 目视植物表面无浮尘、水迹 (2) 盘内无积水、泥沙、烟头等

2. 毛坯单位

毛坯单位验收标准见表2-12。

表2-12 毛坯单位验收标准

序号	名称	验收标准
1	地面	（1）无顽固性污渍（例如油漆、涂料等） （2）无垃圾杂物、无泥沙、无污渍
2	外墙面	无顽固性污渍（例如油漆、涂料等）
3	天花板	（1）无明显顽固性污渍（例如油漆、涂料等） （2）无蜘蛛网等
4	门、窗等	（1）无明显污渍（例如油漆、涂料等） （2）无张贴物，无明显积尘、水迹、手印

七、开荒清洁结束后的工作

① 作业完毕要收拾好作业工具、清洁用品，清洁机械设备，并需要做好保养维护。
② 验收合格后正式进入日常保洁期。
③ 组织探讨本次开荒清洁过程中存在的问题，总结经验，完善管理规程。

八、开荒清洁安全注意事项

① 提前做好准备，工作时，女同事不得穿高跟鞋、裙子，任何人不得穿拖鞋或赤脚。
② 所有人员必须准时到达指定地点，按规定签名领取工具。
③ 一切行动听指挥，服从领班的工作指派，统一进入工作区域，不得独自进入非指定区域，如需离开，至少由1名同事或1名领班同行。
④ 高空作业一定要征得主管级以上人员同意，不得野蛮操作。
⑤ 在工作过程中，注意脚下有无杂物，小心绊倒，特别是脚下的钉子。
⑥ 在工作过程中，不得带外人进入工作区域，不得和其他人员进行任何交谈。
⑦ 在工作过程中，如遇到任何工作疑难或意外，第一时间向直属上司汇报，不得私自处理。
⑧ 所有机器操作需领班（技术员）讲解示范后方可进行。
⑨ 任何机器操作都要在熟悉情况下进行，并由领班（技术员）现场指挥。
⑩ 使用清洁剂一定要注意说明，听从领班（技术员）安排。
⑪ 特殊的清洁作业应有明显的提醒人们注意标志。
⑫ 清洁前，需做好自身安全防护措施，确保无任何危险的时候方能进行。
⑬ 爱护、爱惜物业内的一切公有设备、设施及清洁工具。
⑭ 使用电源插头时，湿手不要操作，不能乱插电源线。
⑮ 不要随意打开或关闭电源开关。
⑯ 不要随意移动消防设施、接触电线头及其他未安装好的设施。
⑰ 清洁易碎东西时，应谨慎操作（轻拿轻放），如发现有损坏，应立即报告上级。
⑱ 严禁抽烟及使用明火。
⑲ 出入工作现场时，选择安全路线行走，不要在垃圾堆里踩过。
⑳ 正确使用刀片，不要放在口袋里，用完之后应交回。

㉑ 照明不充足的地方应询问上司，不可自作主张。
㉒ 清洁剂用后将盖拧紧，不能在其他角落随意乱倒剩余的清洁剂。
㉓ 在清洁石材和不锈钢设备时不能使用强酸或强碱性清洁剂，强酸或强碱会导致这些物质变色、变形。
㉔ 清洁卫生洁具、大理石台面等不能使用清洁球、刀片等硬物，以免划伤表面。
㉕ 不管是实木地板还是复合地板，清洁时不可沾湿水太多，否则容易造成木地板变形。

第三章
物业入伙期运作

- 第一节　物业入伙手续的管理
- 第二节　物业二次装修管理

引言：

物业的入伙阶段是物业公司除管理物业以外，开展对人服务业务即与其服务对象业主接触的第一关，这一时期除了大量的接待工作和烦琐的入伙手续外，各种管理与被管理的矛盾、服务与服务感受的差异也会在短时期内集中地暴露出来。因此，这一时期通常也是物业管理问题和纠纷发生最集中的阶段。所以，物业公司应高度重视这一时期。

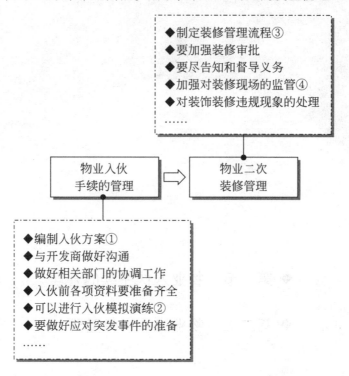

图示说明：

① 入伙管理工作是物业项目经理第一次正式面向业主提供服务的重要工作，也是考验物业项目经理综合管理能力的重要指标之一，而入伙工作的成败主要取决于入伙方案编制的水平高低。

② 为了充分展示一个物业公司的物业管理水平，圆满完成入伙工作，保证各个部门了解入伙的要求、入伙的流程，入伙管理工作组应提前对工程、客服等现场服务人员进行了有针对性的入伙专项培训，确保所有人员熟知各项工作流程及标准。

③ 为使业主、用户及工作人员对装修管理的工作程序有一个完整的了解，从而让装修管理工作能顺利、有序地开展，物业管理处有必要把这项工作理清，制定一个合适的流程

④ 为了确保装修的顺利进行，确保住户的生命、财产安全，物业经理必须安排人员加强巡视，加强对装修现场的监管，在定期巡查中纠正和阻止违规装修。

第一节　物业入伙手续的管理

入伙通常又被称为"入住"。在此期间，物业公司的工作主要是为业主办理各项入住手续，以及与发展商共同解决业主对所使用的物业存在的疑问和问题。

一、编制入伙方案

入伙管理工作是物业项目经理第一次正式面向业主提供服务的重要工作,也是考验物业项目经理综合管理能力的重要指标之一,而入伙工作的成败主要取决于入伙方案编制的水平高低。

(一)物业管理入伙方案编制的数据收集

编写入伙方案之前,要进行相关数据的采集,通过收集相关数据和信息,并分析整理,才能根据不同的项目"量身定做"适合的入伙方案。数据采集工作主要包括表3-1所列内容。

表3-1 必须收集的信息

序号	信息类别	具体信息	备注
1	向房地产公司采集相关数据	了解交房情况:交房时间与交房面积	切忌采集双方签署《前期物业管理服务合同》的数据,因房地产公司往往会由于建筑工期等不可预测因素而改变交房时间,也会随销售情况的变化造成交房面积发生变化。物业公司在编写前一定要与地产公司相关部门进行沟通,了解最新的交房数据
		房地产公司相关部门及施工单位的分布情况	涉及的部门主要包括地产公司的销售部门及工程管理部门、市政配套服务部门(如供电供水供气等部门)、各工地施工单位部门
		施工收尾工程进度	因入住方案编制过程中涉及工程进度与物业公司接管工作的衔接,且往往留给物业公司接管验收的时间比较短暂,故根据收尾工程的不同,方案中应做好整体时间的安排
		施工质量和交房户型布局	工程施工质量的好坏直接影响接管验收工作的进度,也影响业主收楼的效果,物业公司要在交房前将接管验收工作中发现的问题及时提交施工单位进行整改是保证交房工作顺利进行的重要环节。户型分布的掌握有利于提供及时有效的业主二次装修管理,物业管理人员在交房前应了解户型及房屋结构,便于指导业主二次装修工作
		购房业主的信息	
2	向当地房地产行政主管部门采集相关数据		(1)了解当地的房地产法规 (2)了解当地的收费项目
3	向当地同行采集相关数据		(1)了解当地业主的消费心理 (2)收集当地的人力资源情况及工资情况 (3)了解水、电、暖气、天然气、垃圾处理等生活配套情况

(二)入伙管理方案的编制

根据搜集到的资料进行入伙管理方案的编写。

(三)物业管理入伙方案的审批

入伙方案编制完毕后,由项目经理召开专项会议,各部门业务主管进行修订完善,经项目经理审核同意后报总公司审批。

总公司收到报送的入伙方案后,应组织总公司各业务部门召开专题会议,讨论入伙方案的可行性,必要时派专人到现场进行数据调查与核实,最终审批并下达该入伙方案。

二、与开发商做好沟通

物业管理人员在准备工作中,主要的工作包括以书面形式详细列出业主在办理入伙手续时需带的资料、需缴纳的费用及入伙手续办理流程等提供给开发商,以便开发商在入伙通知中告知业主;另外,还要与开发商就如何应对业主可能会提出的疑问进行充分沟通,以达成共识。

物业管理人员应采取主动沟通的态度,根据以往的工作经验,主动向开发商提出建议与意见,特别是首次接触此类事宜的开发商;如可主动承担联系各政府公共事业部门确定协作事宜、场地布置等工作。

各项沟通必须详尽、严谨,如在提供业主办理入伙手续所需资料、费用等内容时,应细致、全面,避免因疏忽漏项而造成不必要的麻烦。在准备入伙仪式、场地布置方面,则更应细致入微,小到场地指示牌、背景音乐等,都应给开发商提出好的建议与意见,并且尽量采用书面沟通的方式。

三、做好相关部门的协调工作

① 与物业管理行政主管部门、物价局、供电局、自来水公司、供热公司、液化气公司和邮局、有线电视等单位搞好关系,保证业主入伙后水、电、气等的供应,正常通邮、上网,解决业主后顾之忧。

② 与电信部门联系电话安装事宜,方便业主。

四、入伙前各项资料要准备齐全

物业公司应根据物业的实际情况及管理要达到的标准,制定各种规范、制度、文件、表格等入伙手续文件,在入伙时及时交到业主手中,以便他们认真阅读和消化。利于物业管理的各主体之间的相互了解、相互支持与融洽,从而为进一步管理打好基础。

入伙之前通常要预备好以下资料。

(一)入伙涉及的政府文件资料

① 政府有关物业管理法规条例、《住宅室内装饰装修管理办法》《房屋建筑工程质量保修办法》。

② 物业公司营业执照及资质证书。

③ 物业公司收费许可证。

④《前期物业服务合同》。

⑤ 物业竣工验收证明文件或物业竣工综合验收合格证。

⑥ 物价局有关物业管理综合服务费、停车场收费等收费标准的批复。

（二）入伙涉及的主要文件资料

入伙涉及的主要文件资料包括《住宅质量保证书》《住宅使用说明书》《入伙工作方案》《入伙工作流程及执行标准》《入伙通知书》《收楼须知》《业主（用户）手册》《业主临时规约》《物业管理服务费收费协议》《业主（用户）入伙房屋验收表》。这些文件一经业主接受或签订，就构成了今后物业管理的法律基础。

1. 入住通知书

入住通知书是物业公司在物业验收合格后通知业主或用户准予入住，可以办理入住手续的文件。

××小区入住通知书

××女士/先生：

您好！您所认购的_____小区____栋____单元____室已于____年____月____日经有关部门验收合格，准予入住。请您在接到本通知书后，前来办理有关手续。

1. 请您在接到本通知书后按附表规定的时间前来办理入住手续，地点在_____。在此期间，房地产公司财务部、销售部、物业公司等有关部门将到现场集中办公，为您提供快捷、方便的服务。

2. 如果您因公事繁忙，不能亲自前来，可委托他人代办。委托他人代办的，除应带齐相关的文件外，还应带上您的委托书、公（私）章和本人的身份证件。

3. 如果您不能在规定的时间前来办理手续，可以在____月____日后到××房地产公司（地点：_____）先办理财务手续及收楼手续，再到××物业公司（地点：_____）缴纳各种费用。在您来办理各项手续前，请仔细阅读入住手续书、收楼须知和缴款通知书。

特此通知。

　　　　　　　　　　　　　　　　　　　　　　　　　　××房地产开发公司
　　　　　　　　　　　　　　　　　　　　　　　　　　　　××物业公司
　　　　　　　　　　　　　　　　　　　　　　日期：_____年____月____日

---

2. 入住手续书

入住手续书是物业公司为方便业主，对已具备入住条件的楼宇在办理入住手续时的具体程序而制定的文件。其目的是为了让业主知晓入住手续办理的顺序，使整个过程井然有序。业主在办理入住手续时，每办完一项手续，一般都在入住手续书留有有关部门确认的证明，有关部门会在上面签字、盖章。

××小区入住手续书

××女士/先生：

您好！您所认购的_____小区____栋____单元×室现已具备入住条件。请阅读收楼须知、缴款通知书，按如下顺序办理入住手续。您每办完一项手续，有关职能部门将在本手续书上盖章证明手续已办妥。

　　　　　　　　　　　　　　　　　　　　　　　　　　××房地产开发公司
　　　　　　　　　　　　　　　　　　　　　　　　　　　　××物业公司
　　　　　　　　　　　　　　　　　　　　　　日期：_____年____月____日

3. 收楼须知

收楼须知是物业公司告知业主收楼时应注意的事项、收楼时的程序，以及办理入住手续时应该携带的各种证件、合同及费用等文件资料。

××小区收楼须知

××女士/先生：

欢迎您成为××小区的新业主！

我公司为提供良好的管理服务，兹介绍有关收楼事项和有关收楼程序，避免您在接收新楼时产生遗漏而导致不便。望您能认真阅读，请勿遗漏。

1.请您在接到入住通知书之日起3个月内前来办理产权登记和入住手续。逾期办理者，每逾期1日应缴纳人民币_____元的逾期金；超过半年不来办理的房产，将由本小区物业公司代管，视为无主房产，交由有关部门依法处理。

2.您来办理入住手续时请携带以下证件、文件和现金。

（1）购房合同（协议）。

（2）业主身份证或护照及图章。

（3）公司购买的还应带公司法人证件和公章。

（4）入住通知书。

（5）入住手续书。

（6）已缴款项的收据（调换正式发票）。

（7）未缴的购房款和物业管理应缴的款项。

3.若您委托他人来办理，还应带上以下证件。

（1）您（业主）的委托书，应由律师签证。

（2）您（业主）的身份证或护照的复印件。

（3）代理人的身份证或护照。

4.您办理手续时请按以下程序进行。

（1）至房地产开发公司财务部缴纳购房余款，并交上原预缴款收据以换取正式发票。购楼余款缴清后，财务部将在您的入住手续书上盖章。

（2）至房地产开发公司销售部审核入住资格，当您缴验各种证件通过后，销售部将在您的入住手续书上盖章。

（3）至物业公司财务部缴纳物业管理各项费用，费用缴清后物业公司财务部将在入住手续书上盖章。

（4）至物业公司管理部办理其他手续，主要有验收房屋、签订管理公约、领取住户手册、领取钥匙等。当以上事项办理完毕，您（业主）在入住手续书上签章，并交由物业公司保存。

5.您收楼时，请认真检查室内设备、土建、装修是否有缺少、损坏等质量问题。若有，请在房屋验收书中写明，我们将代表业主向建设单位协商解决。

6.房屋维修保养期为5年，5年内若有工程质量所导致的问题，由我们负责为您免费修理。但是，若因使用不当所导致的问题，则由业主自行支付修理费用。

7.您（业主）可以对自己的住宅进行室内装修，但应保证绝对不影响房屋的结构和公共设施设备，并应遵守房屋室内装修管理规定。装修前，需向物业公司提出书面申请，获准后方可进行。

祝您顺利入住！

××房地产开发公司

××物业公司

日期：_____年____月____日

4. 缴款通知书

缴款通知书是物业公司通知业主在办理入住手续时应该缴纳的款项及具体金额的文件。

××小区缴款通知书

××女士/先生：

　您好！您所购买的_____小区____栋____单元____室已经竣工，并验收合格，可以入住。您来办理入住手续时，请缴纳以下款项。

　1.购房余款，计人民币_____元。

　2.预收____个月管理费，计人民币_____元。

　3.物业维修基金，用于物业共用部位、共用设施设备保修期满后的大修、更新、改造，按市房产局规定的标准为购房款的____%交纳，计人民币_____元。

　4.装修垃圾清运费，用于清理业主入住装修时产生的建筑垃圾所收的费用，计人民币_____元。

××房地产开发公司

××物业公司

日期：_____年____月____日

5. 验房书

　验房书是物业公司为方便业主对房屋进行验收，督促开发商及时整改问题，避免互相推诿，使问题能得到及时解决而制定的文件。

××小区房屋验收书

　××小区____栋____单元____室业主_____于____年____月____日在物业公司管理部_____的陪同下入楼验收，检查了所购房屋的建筑质量和初装修情况，认为：

1.对房屋质量无任何异议。

2.发现有以下质量问题（略）。

□　房屋质量可以，没有异议。

□　发现有以下质量问题。

1.

2.

……

请开发商予以解决！

业主签字：_____　　　　物业公司（代表）签字：_____

日期：____年____月____日　　　　日期：____年____月____日

6. 楼宇交接书

　楼宇交接书是业主确认可以接收所购楼宇后，与开发商签订的接收楼宇的书面文件。它证明开发商及时提供了合同规定的合格房屋商品，为开发商按合同收缴欠款提供了法律依据；同时交接书中重申了开发商按合同对房屋应承担的保修义务。

××小区楼宇交接书

　甲方：××房地产开发公司

　乙方：_____（业主）

　甲方所开发的××小区已竣工，并且经××市有关部门验收合格。业主购买的____栋____单元____室已经具备入住条件，可以入住。开发公司和业主双方同意签署本楼宇交接书，以便开发商将业主所购买的该单元房屋正式移交给业主。

　现业主已检查了该单元的建筑质量和初装修情况，双方一致认为，该单元可以交付给业主，业主可以接受该单元，因此，双方签订本交接书，并确认下列条款。

1. 双方确认，自_____年____月____日起，该单元由开发商交付给业主。

2. 业主在此确认，确已收到该单元钥匙。

3. 开发商确认，尽管该单元已交付给业主，但仍负有房屋销售（预售）合同规定的该房屋在保修期内的保修义务。

4. 业主同时确认，该单元的建筑质量和初装修质量符合双方所签订的房屋销售（预售）合同的规定。

5. 双方一致同意，有关业主购买该单元房屋产权登记事宜，均委托××律师事务所办理，开发商予以协助，有关税费按国家规定分别由双方各自承担。

6. 本交接书自双方签字之日起生效。

7. 本交接书一式两份，双方各持一份。

开发商（代表）签字：_____ 业主签字：_____

日期：____年___月___日 日期：_____年___月___日

7. 用户登记表

用户登记表是物业公司为了便于日后及时同用户保持联系、提高管理和服务的效率、质量而制定的文件（表3-2）。

表3-2 用户登记表

姓名		性别		婚否		
出生年月		籍贯		文化程度		
专业职称		政治面貌		邮编		（照片）
住址						
工作单位						
联系电话						
物业编号：1._____ 2._____ 3._____ 面积：1._____ 2._____ 3._____						
业主简历						
家庭主要成员						
主要社会关系						
备注						

8. 住户手册和业主（临时）公约

住户手册一般要说明物业的概况、管理机构的权利和义务、管理区域内的各项管理规定、物业公司的机构及各部门职责分工、违章责任等。在用户办理入住时发给业主，以使业主更好地了解物业及物业公司和物业管理相关规定，从而方便今后物业管理工作的顺利展开。

业主（临时）公约，一般是由物业公司拟订，经过业主和物业公司共同签署并约束双方行为的具有合约、协议性质的文件。

（三）入伙涉及的其他文件资料

入伙涉及的其他文件资料包括物业管理收费标准一览表、业主（用户）联络资料登记表、验收遗漏工程记录表、锁匙托管承诺书等。

五、可以进行入伙模拟演练

为了充分展示一个物业公司的物业管理水平，圆满完成入伙工作，保证各个部门了解入伙的要求、入伙的流程，入伙管理工作组应提前对工程、客服等现场服务人员进行有针对性的入伙专项培训，确保所有人员熟知各项工作流程及标准。并且最好安排专业的部门如品质发展部提前一周入驻项目现场，监督各项入伙工作的准备情况，并进行指导；工程技术部认真对各项配套设施进行检查，确保正常运行使用。为保证给业户提供高标准的入伙服务，最好制定入伙模拟演练方案，对入伙中各个部门的人员做一个统一的安排，并在入伙前的两三天，进行入伙模拟演练。对演练中发现的问题，及时进行处理、纠正，并予以进一步的培训。

六、要做好应对突发事件的准备

在入伙过程中难免有一些突发事件的发生，对一些常见的突发事件应该心中有数，并据此制定应急方案，当然，最重要的是要做好以下两项准备工作。

① 落实业主反映问题、投诉的渠道和处理人。

② 准备单独的接待室，避免入伙中的突发事件干扰交房现场的秩序。

第二项准备是交房中非常重要的一个内容。比如说，有业主在交房现场喧闹怎么处理？有业主故意在交房现场怂恿其他业主讨说法的怎么处理？接待室就是为这样的人特意设置的。接待室设置的原则是，有人在接待室里面闹，但是交房现场听不到。准备了接待室还不够，还应有人引导，引到接待室来，引导也要讲究技巧，比如有个接待员这么说"先生，有什么事，我们到接待室来谈"，这样的说辞显然是错的。而应该这样说："先生您反映的问题，我们已经联系了负责人，我们和负责人沟通一下，相信可以为您解决。"同时引导的时候还要找对房间。

七、办理入住仪式

为了恭祝业主的乔迁之喜，让每一位业主感受到新家园、新生活的美好与憧憬，同时展现未来物业管理人的良好形象，物业公司可以邀请业主代表、开发商及社会各界领导参加由物业公司举办的简朴的入住仪式，营造安宁、祥和、积极向上的氛围和良好的物业管理环境，为未来获得一个良好的开端。

八、办理集中入伙手续要环环相扣

业主在开发商规定的时间到指定地点办理入伙手续，办理完结后就可以正式入伙了。其具体过程图3-1所示。

此环节中较重要的一项就是业主收楼验房。如果在验房过程中发现问题，则须由物业管理人员及时与开发商沟通，在最短的时间内予以解决。在办理集中入伙手续时一定要按"一条龙"的方式，以便高效地进行。具体流程如图3-2所示。

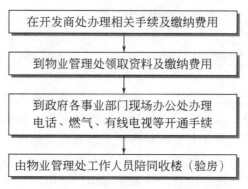

图3-1 办理集中入伙过程图

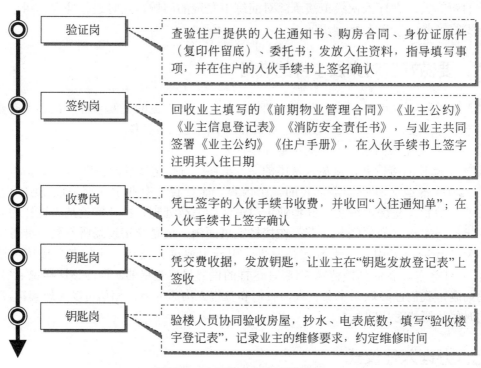

图3-2 办理集中入伙手续流程

九、积极地答复业主的疑问

业主在办理入伙手续的过程中，可能会出现很多疑问，如有关房产证事宜、物业管理处情况、日常费用缴纳等。其中有些问题，若在前期准备工作当中与开发商之间已做了较好的沟通与培训，就可以很快向业主作出答复。

如果出现了事先准备工作中并没有涉及的问题时，接待人员不要急于给出答复，以避免产生误导。为了应对这种情况的发生，物业管理处和开发商一般会委派专人负责联系沟通工作。

根据"入伙手续书"和"入伙须知"，业主在正式接管房屋之前，应由物业管理处派人陪同业主验收其所购物业。要做好这一工作须做好如图3-3所示的三项工作。

工作一 >	事前了解
	物业管理人员在验收之前应尽量把物业可能产生的问题了解清楚，并逐项进行鉴定检查。把问题解决在入伙之前，将"先天缺陷"限低到最低限度

工作二 >	记录问题并请业主签字
	业主收楼验房时，如发现房屋有任何问题，包括外观、水、电等，物业管理人员应当场做好记录并请业主签字确认，然后交由开发商解决处理

工作三 >	与开发商联系处理
	物业管理人员此时应分辨问题缓急，如需马上解决的问题则应立即同开发商联系沟通，否则可待入伙工作全部完结后集中处理

图 3-3　必须做好的三项工作

特别提示 ▶▶▶

物业管理处中不要任何一位工作人员都可随时随地向开发商反映问题，而是将问题反映给本公司的专门人员，再由此人与开发商进行沟通。这样可使开发商更加明确问题的有效性，并加以重视及快速处理。

十、零散入伙期间要与开发商沟通协调好

大部分业主会在集中入伙期间办理好各种手续，但也有部分业主因为各种原因无法在规定时间内前来。因此，入伙后还会有业主不定期地到物业管理处办理入伙手续。零散入伙期间，物业管理人员与开发商应注意以下两个方面。

（一）统一协调时间、地点

业主办理入伙手续时，一般情况下都会首先到物业管理处咨询办理事宜。但按照正常程序，业主应该先到开发商处办理完相关手续后，才可到物业管理处继续办理。因此，当发现业主还没有到开发商处办理手续时，物业管理人员应对业主进行指导。在零散入伙期间，物业管理服务公司应与开发商协商好办理手续的时间和地点，双方最好能在统一的时间内办理；开发商的办公地点也要明确和固定，这样便于物业管理人员为业主提供正确的指引。

（二）明确固定的联系人

零散入伙期间，业主也会有各种各样的疑问，尤其在验房后同样会发现很多问题，业主有时会要求尽快给予答复或处理。物业管理人员应根据所掌握的信息及实际情况及时答复业主。但若业主的问题需通过开发商方面才能解决时，就要及时和开发商沟通。

十一、做好新入伙小区的管理

（一）安全管理

新入伙小区由于外来人员多，正常生活与施工同时进行，安全技防设施尚未正常使用，存在着极大的安全隐患。另外，新入住小区的车辆管理系统往往未完善，而外来车辆又往往较多，极易发生车辆损坏或丢车现象。做好小区治安安全管理、工地安全生产管理、小区消防安全管理、小区车辆安全管理就显得十分重要。

（二）工程返修工作

经验表明，小区入伙后的两年内是业主发现房屋质量问题从而要求维修或补偿最多的时期，也是业主极易与开发商及物业公司发生矛盾、产生积怨的时期。房屋质量问题并不是物业公司的责任，但处理不好，往往会令业主和物业公司之间产生积怨，为日后的管理带来麻烦。因而，建立起业主与开发商之间的桥梁，积极跟进业主房屋质量的返修工作是新入伙小区物业管理的重要工作之一。

（三）成品保护与设备设施保护

新小区入伙后，往往还有工程在继续进行，可能会对已完工的成品及已安装的设备造成较大的损坏或影响，业主入伙后的装修工程往往也会造成同样问题。因此，保护好已完工的公共设施设备，保护好广大业主的长远利益，是新入伙小区物业管理的一项重要工作。

（四）完善小区基本资料及管理制度

新入伙小区的物业公司应利用各项工程移交验收及业主入伙的机会，完善小区各项设备设施基本资料及各户业主的基本资料，分类造册归档，以便日后的管理。另外，应针对小区的具体情况，制定各项管理制度，方便日后的管理。

第二节　物业二次装修管理

装修管理是新入伙小区尤其是集中入伙小区最主要也是最重要的工作。据统计，一般中型以上小区在新入伙一年内，装修管理的工作量往往占小区物业管理工作量的一半以上。出于这个原因，新入伙小区的管理人员投入往往比运作成熟的小区多出不少。

一、制定装修管理流程

为使业主、用户及工作人员对装修管理的工作程序有一个完整的了解，从而让装修管理工作能顺利、有序地开展，物业管理处有必要把这项工作理清，制定一个合适的流程，如图3-4所示。

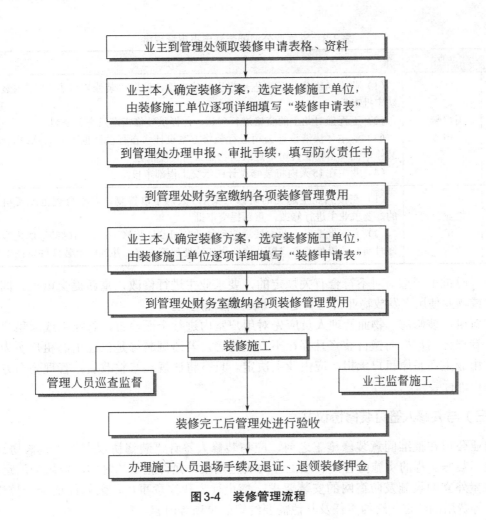

图 3-4 装修管理流程

二、要加强装修审批

（一）要求住户在装修前进行申报

二次装修的管理是物业管理中的一项经常而重要的事项。而某一细节的忽略就很有可能导致业主或使用人的投诉，甚至可能导致物业公司陷入尴尬的困难境地。所以必须从装修设计开始就进行装修审查与管理。如果等装修完毕才开始，装修带来的损害实际上已经形成，不但很难纠正和改变，而且也给广大业主、用户的人身和财产安全带来了威胁。

业主或物业使用人在入伙后，凡欲进行室内装修改造的，应及时向物业管理部门（物业管理处）申请，填写装修申请表，并附装修方案，报物业管理处审批。业主及施工单位应在装修申请上签字盖章。

对于装修申报审批的程序，物业经理可以事先组织人员制定下来，并予以公示，表3-3是某物业公司的装修申报审批程序，可供参考运用。

（二）装修审批

物业公司应详细审查装修申请表中的装修申请内容，在一定的时间内予以答复。对应报有关部门审批的，应督促业主或施工单位及时向有关部门申报。对符合有关规定的装修

表 3-3　某物业公司的装修申报审批程序

序号	程序	具体要求
1	用户装修申报	（1）业主向物业公司工程部提出装修申请，领取"装修申报表""室内装修消防审批表" （2）工程部对业主的资格进行确认，并提供装修指南及有关资料 （3）业主尽快请设计公司进行装修方案设计（自行设计也可），并选择合格的装修单位（由物业公司审查或由物业公司直接推荐） （4）业主在15天内将装修设计图纸交工程部审核
2	物业公司审批	（1）在接到业主递交的装修方案后7天内予以答复。对不合规范或资料不全的，要求业主进行修改，重新提交审批 （2）方案批准后，业主按规定到物业公司签订装修协议，明确装修的内容、装修时间、垃圾处理方式以及违约责任的处理等内容，并领取"装修许可证"

申请应及时批准同意。对不符合有关规定的，要求业主进行修改，重新提交审批。同时，向业主或物业使用人发放物业公司制定的《装修管理规定》。

在新租户装修前，物业管理人员应先对用户室内进行全面检查，看业主或原租户是否有未经管理公司审批而擅自装修且存在不安全隐患，若违规装修是已迁出的租户所为，整改工作由业主还是原租户承担，应由业主决定。只有将违规装修整改后，管理公司方可允许新租户进行装修。

（三）与装修人签订装修协议书

物业公司在批准同意装修施工之前，应与装修人签订"装修协议书"。"装修协议书"一般包括装修工程的实施内容，装修工程的实施期限，允许施工的时间，垃圾的清运与处置，房屋外立面设施及防盗网的安装要求，禁止行为和注意事项，装修保证金、垃圾费、水电费等费用的约定，违约责任及其他需要约定的事项等内容。

（四）收取装修押金

对于是否应该收取装修押金，应按照购房人在买房时与开发商双方的约定为准，即按《房屋使用、管理维修公约》中的规定执行，许多城市的法律都没有明确的规定。但行内的做法是应收取押金。

因为实际工作中，确实有不少的装修工人在进行装修时，不考虑他人生活的方便、安全，也不顾及对建筑物、设施设备的保护，野蛮施工，随意抛掷垃圾，在不恰当的时间、地点进行施工等，引起了其他业主的极大不满。若收取了押金，物业管理人员如果发现在装修过程中出现损坏物业、破坏物业设施设备、给其他人造成生命、健康、财产方面的损失等情形时，可从这笔押金中支付。如果装修过程一切平安，没有出现上述情形，则可将收取的押金奉还。

（五）酌情收取装修管理费

在业主、用户装修过程中，物业公司要配合提供一些原始工程资料，上下协调各方面的关系（比如协调业主之间因装修干扰带来的纠纷；协调消防局、设计院等），又要对装修工人、装修材料、装修行为进行管理、监督，如纠正违章、进行电梯维护等，而这些工作会有人力、物力开支。也就是说，在装修管理中，物业公司不仅要投入大量人力、物力，而且更重要的是有一种无形的安全责任。所以可按公司规定酌情收取管理费，并应向业主、住户解释清楚。

当然，装修管理费是因实际发生的管理而收取的费用，如果物业公司事实上没有参与对装修进行管理，或者业主没有装修，就不应该收取该费用。

（六）与装修公司签订责任书

在以上事项办理好后，一定要与装修公司签订《装修施工责任书》，并发放"施工许可证"。

三、要尽告知和督导义务

物业管理处的装修管理人员，在装修管理时应尽以下告知和督导义务。

① 应将小区物业管理规定及相关管理办法，详细地介绍给前来办理装修申报的业主、租赁人或装修公司人员。

② 将装修公司情况或装修公司的施工情况告知业主。

③ 将装修方案中或施工中不合理的工艺和工程隐患告知业主。

④ 将装修的禁止行为和相关的注意事项告知业主及装修施工人员。

⑤ 维护装饰装修管理规定，维护业主利益，对装修施工中的违规行为予以及时的纠正，并督导业主或装修施工人员进行整改。

⑥ 对检查中发现的质量问题和隐患，应及时地跟进和处理，并及时地督导和予以解决。

⑦ 对业主和装修施工人员提出的询问和求助，应予以当面的解释和指导，对难以陈述的问题，应亲临施工现场予以帮助和督导。

【实战范本3】小区住宅装饰装修告知书

小区住宅装饰装修告知书

各住宅装饰装修业主、装饰装修企业：

为加强住宅装饰装修规范管理，保障广大装修业主的利益，提高住宅装饰装修质量安全，杜绝和减少安全事故的发生，根据国务院令《建设工程质量管理条例》和《物业管理条例》、建设部令《住宅室内装饰装修管理办法》以及《××省建设工程质量和安全生产管理条例》的规定，按照××市房产局《关于加强住宅室内装饰装修管理的通知》的要求，现将住宅装饰装修有关事项告知如下：

一、装修业主（装修人）在进行装修前，须将施工单位的营业执照、资质证书、施工人员资格证书、设计施工方案等向小区物业管理机构申报登记。

二、凡进入小区从事住宅室内装饰装修的装饰企业，必须持有室内装饰装修资质证书和营业执照，管理人员必须持有项目经理资格证书，施工人员必须持有室内装饰装修施工人员技能资格证书，与装修业主签订××省住宅装饰装修工程《设计合同》《施工合同》（示范文本），方可进行装饰装修活动。

三、个体装修施工人员，必须持有室内装饰装修施工人员技能资格证书，受聘于装饰装修企业并以该企业的名义签订《施工合同》，方可从事装饰装修施工活动，不得以个人名义承揽装饰装修业务。

四、装修业主（装修人）在进行装修时，应要求施工单位将相关证照，向市室内装饰协会和市房产局物业管理科备案，经审核、认证，签署小区装修准入意见并办理施工（开工）证手续后，向物业管理机构登记，若发生施工、材料质量不合格的矛盾、纠纷事件，以便调查、落实，维护装修业主的合法权益。

五、装修业主（装修人）和装饰装修企业未经原设计单位同意或具有相应资质的设计单位提出设计方案，不得擅自变动建筑主体或承重结构，不得擅自超过设计标准或规范增加楼面荷载，不得拆改供暖、燃气管道等设施，不得将没有防水要求的房间或阳台改为卫生间、厨房。

六、物业管理机构将履行管理服务职责，对小区住宅装饰装修进行巡查、监督。对违反物业规定，特别是无证无照、违规违法施工的装饰企业和施工人员，进行劝阻和教育，对不听劝阻、拒不改正的责令停止施工。对情节严重、拒不整改的施工方清出小区，并报告房产行政主管部门依法处理。

七、装修业主在住宅装修时，若发生施工、材料质量矛盾纠纷，正当权益受到损害，可向市室内装饰装修消费者投诉站和市房产局物业管理科投诉，请求调查、鉴定，明确责任方，维护当事人的正当合法权益。

八、希望各装修业主、装饰装修企业，积极配合房产行政管理部门、工商行政管理部门和市室内装饰协会的监督管理，自觉遵守《物业管理条例》的有关规定；共同为规范小区住宅装修行为，保障住宅装修的质量安全，营造良好的小区住宅装修秩序做出应有的贡献。

＿＿＿＿＿＿小区＿＿＿＿＿＿物业管理公司

（盖章）

日期：＿＿＿＿年＿＿月＿＿日

四、加强对装修现场的监管

为了确保装修的顺利进行，确保住户的生命、财产安全，物业经理必须安排人员加强巡视，加强对装修现场的监管，在定期巡查中纠正和阻止违规装修。

（一）采取措施有效防止干扰

装修期间，对左右隔壁、上下楼层住户的工作和休息会产生影响。如果物业公司不采取有效措施，肯定会招致装修单元相邻住户的投诉和不满。为避免室内装修对邻居的干扰，应采取以下管理方法。

① 装修前发通知给同一楼层及上下楼层住户，让他们有思想准备和采取一些预防措施，并敬请谅解。

② 在用户提交装修申请时，提醒住户聘请信誉好、实力强、人员精的装修公司，并尽量缩短工期。

③ 对用户和装修公司进行必要的培训，解释装修程序和有关管理规定，避免他们因事先不知而产生各种影响他们工作或休息的装修工程。

④ 将《装修注意事项》贴在装修单元的大门上，提醒装修人员文明施工。

⑤ 对住宅楼，严禁在夜晚、周末等时间装修；对商业大厦，白天上班时间只允许一些不产生噪声及油漆味的装修，将发出较大噪声如电锯声等工序安排在非办公时间进行，并

严禁装修时开启空调。

⑥ 施工人员必须办施工证或出入证方可进场施工，施工人员不得从事与施工无关的各种活动。

⑦ 加强对装修单元的监管，及时听取邻居意见，对违规施工人员视其情节轻重分别给予口头或书面警告、停止装修、暂扣装修工具、责令赔偿损失等处罚。

（二）装修现场定期巡查

装修现场，要求用户将《用户室内装修批准书》和《用户室内装修注意事项》张贴于门上，便于物业管理人员检核和提醒装修人员安全施工。同时，物业管理人员须按规定对装修现场进行巡查，其巡查内容见表3-4。

表3-4 装修现场定期巡查内容

序号	项目	巡查内容
1	隔墙材料	用防水材料或空心砖、轻体墙等（木器必须按规范涂上市消防局认可的防火漆）
2	天花板材料	用防水材料或防火处理
3	电气线路改动	需套PVC管，配电箱内空气开关型号、位置是否正确，出线线径是否合理等
4	地面	检查该业主是否在允许范围内对地面进行改动，如洗手间、厨房等地面改动，必须按规范做好地面防水处理，并通知管理处有关人员进行检查
5	墙面	墙面以涂料为主。如贴墙纸则必须是阻燃墙纸
6	给排水管道	给排水管道如有改动，需检查其是否照图施工，材料质量是否符合国家标准，接口部分会否漏水，是否损坏主管及原有管道
7	空调安装	检查主机是否在指定位置安装，地脚螺栓需加装防震垫片，空调排水不能直接排至户外，需利用厨房、洗手间或阳台地漏排水，主机如需挂墙或搭架安装，需用不锈钢材料
8	大门（进户门）	如更换大门，需提供乙级防火门证明，否则不准更换
9	防盗门	必须选择管理处指定的款式，不接受其他款式，防盗门不能超出门框范围而凸出走廊上
10	窗户防盗网（栏）	新加防盗网必须在窗户内
11	外露平台	外露平台如有装修，需查明是否得到管理处/展商批准

五、对装饰装修违规现象的处理

① 对违反《装修施工管理服管理协议》《装修施工现场管理规定》的装饰装修企业或个人，应当面给予批评教育，情节严重的给予口头警告或书面警告，造成严重后果的责令其检查、消除影响、赔偿，或清退离场，不得在本小区继续施工。

② 对违反了《装修房屋的禁止行为和注意事项》的装饰装修企业或个人，应立即予以制止和纠正，情节严重的责令其停止施工，造成严重后果的责令其检查、消除影响、赔偿，或清退离场，不得在本小区继续施工。

③ 对装修管理员的管理，执意不予理睬的装饰装修企业或个人，物管公司有权采取法

律诉讼方式予以解决。

④ 对违反了《住宅室内装饰装修管理办法》《物业管理条例》的装饰装修企业或个人，除立即停止违章规施工外，还应责令其限期恢复和整改，情节严重并造成重大后果的上报相关行政部门进行处理。

⑤ 在实施物业装修管理的过程中，物业公司和装修管理员，只能依据建设部令第110号《住宅室内装饰装修管理办法》和国务院令第504号《物业管理条例》的规定行使其权力，履行其应尽的职责和义务。

⑥ 在物业装修管理活动中，物业公司拥有审查、监督和管理的权利和义务，拥有对一般违规行为的处理权，如责令其停工和整改等。绝没有行政职能部门的处罚权。物业公司对装饰装修企业或个人的违规现象和行为有制止、纠正、举报、投诉的权利及义务。

⑦ 在物业装修管理活动中，对严重违反国家相关规定的施工行为，除强行的予以制止外，还应及时地将情况上报行政主管部门处理。

相关链接：

物业装修管理要学会规避责任

（一）认真履行告知义务

物业装修管理，必须将物业公司装修管理的相关规定和《房屋装修禁止行为和注意事项》告知业主及装修施工人员。

（二）依理依法的管理

物业装修管理，必须依据政府有关部门的规定和小区《管理规约》进行。

（三）坚守管理职责

物业装修管理，必须认真履行自己的管理职责，必须做到违规必查、违规必禁、违规必究。

（四）不得混淆管理范围

物业装修管理，必须清楚物业装修管理的范围和性质，必须清楚物业装修管理只是装修行为管理而非装修质量管理，装修验收只是行为验收而非质量验收。

（五）不可参与装修业务的推荐和介绍

物业装修管理，不得强制性地向业主推荐和介绍装修公司及推销装修材料。

（六）不得无原则的干预业主装修事务

物业装修管理，不得无故地对业主或装修施工人员进行管、卡、压，或进行与物业装修管理无关的事。

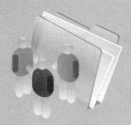

第四章
物业项目常规管理

- ◆ 第一节　安全保安管理
- ◆ 第二节　车辆安全管理
- ◆ 第三节　消防安全管理
- ◆ 第四节　物业设备设施管理
- ◆ 第五节　业户维修服务管理
- ◆ 第六节　社区文化建设
- ◆ 第七节　管理费收缴与管理
- ◆ 第八节　业户投诉处理
- ◆ 第九节　保洁管理
- ◆ 第十节　绿化管理

引言：
物业项目常规管理是物业公司实施管理与服务功能的重要阶段。常规期物业管理工作，包括房屋、设施、设备维护、环境管理、安全防范管理、消防管理、车辆管理等多方面内容。

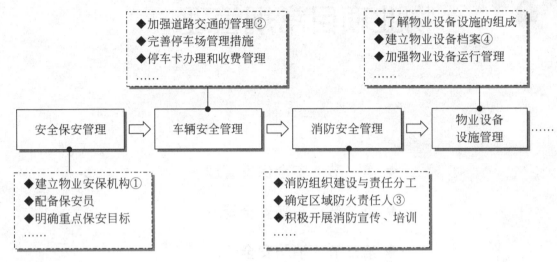

图示说明：

① 要确保物业安全，物业公司必须设置一个安全保卫组织机构，此机构的名字在不同的公司有不同的叫法，有的叫保安部，也有的叫安全部，这都不重要，重要的是一定要有这么一个机构。

② 为了确保物业管理区域内的交通安全畅通，物业公司最好组织人员制定小区交通管理规定，对进入小区的车辆进行限制，并提出规定以规范居民车辆停放、行驶的行为。

③ 消防安全人人有责，并不仅仅是指物业管理人员，还应包括业主和租户。

④ 为使物业在管理过程中不混乱，必须对设备的基础资料进行管理。物业设备基础资料管理，主要是建立物业设备设施系统的原始档案，妥善保管设备技术资料以及政府职能部门颁发的有关政策、法规、条例、规程和标准等文件。

第一节 安全保安管理

作为物业管理中最重要的一环，也是其最大的一块业务，那就是安全管理。可以说物业管理中60%的人力都是物业保安。因为只有安全第一，才能保证小区正常运行。要做好物业区域的安全保安工作，物业公司必须从以下几个方面着手。

一、建立物业安保机构

要确保物业安全，物业公司必须设置一个安全保卫组织机构，此机构的名字在不同的公司有不同的叫法，有的叫保安部，也有的叫安全部，这都不重要，重要的是一定要有这么一个机构。

由于物业的安全保卫是24小时服务，所以，必须考虑保安班组的设置。保安部的班组设置与其所管理物业的类型、规模有关，通常，物业面积越大、物业类型及配套设施越多，班组设置也就越多、越复杂。其中安全巡逻班根据监视区域责任可划分为多个班组，而每个班组又可根据24小时值班的需要，安排3～4个人员轮换班。

二、配备保安员

物业公司应根据所管理辖物业的区域大小和当地社会治安情况，配备相应数量的保安员，实行24小时值班。以下提供某物业管理处的保安员定岗定员表（表4-1），供在配备保安员时参考。

表4-1 某物业管理处的保安员定岗定员表

岗位	第一幢/人	第二幢/人	岗位×班次	定员数/人	备注
大堂	1	1	2×3	6	
岗亭	1	1	2×3	6	
班长			1×3	3	带班巡逻
车库岗	2	2	4×3	12	
巡逻			1×3	3	包括车场
合计				30	

三、明确重点保安目标

物业公司必须对所辖物业区域的重点保安目标非常熟悉，并要对其记录在案，且在保安员培训工作中要再三强调，让所有保安员都做到心中有数；同时要合理地安排门卫、守护和巡逻来实施保安。其具体要点见表4-2。

表4-2 门卫、守护和巡逻的工作安排要点

序号	方面	安排要点
1	门卫	（1）一般设置在商住小区或商业大厦的进出口处 （2）负责门卫的保安人员的主要职责是：严格控制人员和车辆进出，对来访人员实行验证登记制度；对携带物品外出实行检查制度，防止财物流失，并维护附近区域秩序；防止有碍安全和有伤风雅事件的发生 （3）门卫应实行24小时值班制
2	守护	（1）对特定（或重要）目标实行实地看护和守卫活动。如一些重点单位、商场、银行、证交所、消防与闭路电视监控中心、发电机房、总配电室、地下车库等 （2）安排守护人员时，应根据守护目标的范围、特点及周围环境，确定适当数量的哨位 （3）要求守护哨位的保安员事先熟悉下列事项：守护目标的情况、性质特点；周围治安情况和守护方面的有利、不利条件；有关制度、规定及准许出入的手续和证件；哨位周围的地形及设施情况；电闸、消防栓、灭火器等安全设备的位置、性能和使用方法及各种报警系统的使用方法等

续表

序号	方面	安排要点
3	巡逻	在一定区域内有计划地巡回观察以确保该区域的安全 （1）巡逻的目的，一是发现和排除各种不安全的因素，如门窗未关好、各种设施设备故障和灾害隐患、值班守护不到或不认真等；二是及时处理各种违法犯罪行为 （2）巡逻路线，一般可分为往返式、交叉式、循环式三种，无论采用何种方式都不宜固定。实际运用中上述三种方式也可交叉使用，这样既便于实现全方位巡逻，又可防止坏人摸到规律 （3）在安排巡逻路线时，一定要把重点、要害部位及多发、易发案地区放在巡逻路线上。这样便于加强对重点、要害部位的保卫，从而有效地打击犯罪分子

四、完善区域内安全防范设施

物业的治安管理除了靠人力外，还应注重技术设施防范。因此物业公司应根据物业公司的财力与管理区域的实际情况，配备必要的安全防范措施。例如，在商住小区四周修建围墙或护栏；在重要部位安装防盗门、防盗锁、防盗报警系统；在商业大厦安装闭路电视监控系统和对讲防盗系统等。

五、定期对保安员开展培训工作

坚持不懈地开展培训工作，是提高保安员的思想素质和业务能力、提高治安防范能力的重要途径。作为物业公司，不仅在招聘保安员时要对其技能、素质严格把关，更要将培训工作当作常规事务一样来抓。

（一）了解保安员的培训内容

保安员的培训主要包括岗前培训和在岗培训，主要内容见表4-3。

表4-3 保安员的培训内容

序号	类别	具体内容
1	岗前培训	（1）公司的基本情况，如公司的发展史、组织机构、规章制度 （2）《治安管理条例》《物业管理条例》等相关法律知识 （3）企业内部的各种管理制度，包括员工守则、工作纪律、劳动纪律、人事管理规定、门卫制度等 （4）所管辖物业区域的基本情况，如写字楼的构造、布局、功能及监控、消防等情况 （5）警具的配备、使用和保管规定；对讲机的使用、管理规定；治安、消防、急救的电话号码 （6）职业道德教育、文明礼貌用语、服务规范用语等 （7）发生治安、火灾等紧急情况的处理办法；装修期间防火、治安、卫生管理的规定 （8）军训，主要是队列训练

续表

序号	类别	具体内容
2	在岗培训	（1）详细学习公司制定的《治安工作手册》内容，包括职责权限、规章制度、规定、工作程序、规范、标准等 （2）常规队列训练 （3）简单擒拿格斗训练 （4）体能训练 （5）消防灭火训练 （6）交通指挥训练 （7）有关精神文明内容的学习

（二）制订保安员培训计划

培训工作应有计划地执行，因此制订计划是管理者的任务。在制订计划时一定要对培训进行评估以确定。

① 是否有培训的需求。
② 期望的工作绩效（培训结果）。
③ 确定培训的内容和范围。
④ 培训的时间安排。

（三）定期对保安员进行考核

对保安员进行了培训，要知道培训是否达成了期望，则需要进行考核，所以，必须制定一份考核标准，定期对保安员进行考核，并将考核结果作为奖惩、晋升之用。

六、做好群防群治工作

（一）密切联系辖区内用户，做好群防群治工作

物业治安管理是一项综合的系统工程，通常物业公司只负责所管理物业公共地方的安全工作。要保证物业的安全使用和用户的人身财产安全，仅靠物业公司的保安力量是不够的，所以，物业公司必须想办法把辖区内的用户发动起来，从而强化用户的安全防范意识，并要建立各种内部安全防范措施。

（二）与周边单位建立联防联保制度

与物业周边单位建立联防联保制度，与物业所在地公安机关建立良好的工作关系，也是安全保安的重要手段，物业公司应该积极地与相关部门联系、沟通，以互相帮助、支持。

七、制定和完善安全保安制度

物业公司应根据所辖物业的实际情况制定各项安全保安制度，如保安员值班岗位责任制度、门岗值班制度、保安员交接班制度、保安员器械使用管理规定等。现将这些相关的制度罗列一些范本供在实际工作中修改、应用。

（一）保安员管理规定

保安员可以说是物业管理中的一道风景线，人们往往通过保安员的形象来对物业公司形成一个直观的印象，所以，应就保安员的权限、纪律、着装等的要求以制度的形式规定下来，并且在实际工作中彻底执行。

（二）保安员巡逻签到制度

巡逻是安全工作的一项重要措施，其目的是全方位巡查管理区域，保证小区（大厦）的安全，维持良好的工作和生活秩序。然而，如何确保巡逻岗保安员按要求进行巡逻，保证他们尽责呢？答案就是制定巡逻签到制度来规范，设置巡逻签到箱或签到本来监控。

（三）保安员交接班制度

保安员一般实行三班倒工作制，这就涉及交接班。交接班是一个非常关键的时刻，因为这个时刻大家忙着交接班，可能会忽视一些安全问题。另外，如果交接班不清楚的话，会产生出现问题互相扯皮、推卸责任的现象，所以，制定相应制度来规范保安员的交接班工作，非常重要。该制度应将交接班时间、程序、要求都明确下来。

八、突发事件应急处理

在物业管理的日常工作中，有些隐患是不易被提前判别的，也是很难在事先加以控制的。因此突发事件和危机的发生也就在所难免。但事件发生了，如果能够及时而有效地进行处理，也可以大大减少事件的危害程度。

（一）突发事件处理要点

对于那些已经提前判别并制定了相应的应急处理预案的"突发事件和危机"，按预案的规定程序处理即可。但对于那些预案进行控制的"突发事件"，就需要物业公司灵活应对了。其中主要把握如图4-1所示的几点。

要点一	统一指挥
	突发事件发生后，应由一名管理人员，一般是管理处最高级别的值班人员，做好统一的现场指挥、安排调度

要点二	听从命令
	所有工作人员应无条件服从现场指挥人员的命令，按要求采取相应的应急措施

要点三	立即行动
	突发事件发生时，物业管理人员不能以消极、推托甚至是回避的态度来对待，而应主动出击，及时处理

| 要点四 | 灵活多变 |

对所发生的突发事件和危机应具体问题具体分析，即使已经有预案，但当情况发生变化时，应摆脱墨守成规的做法及时根据情况调整做法

| 要点五 | 安全至上 |

处理突发事件应以不造成新的损失为前提，不能因急于处理当前事件而不顾后果，不能因此造成更大的不必要的人身、财产损失

| 要点六 | 团结一致 |

物业管理人员应团结一致、同心协力地处理好突发事件和危机，把损失降到最低

图4-1　突发事件处理要点

特别提示 ▶▶▶

突发事件和危机不可避免也不可怕，但可怕的是同样的事件再度发生。为了避免类似事件的发生，在突发事件处理完毕，必须进行及时的事后总结。

（二）突发事件类别

突发事件有如图4-2所示的类别。

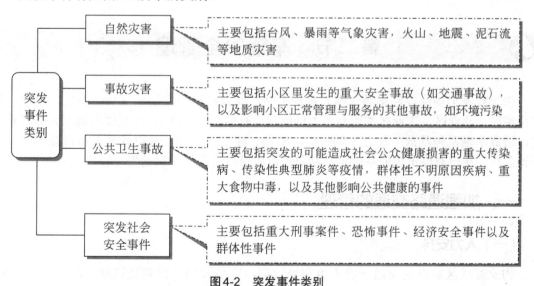

突发事件类别	自然灾害	主要包括台风、暴雨等气象灾害，火山、地震、泥石流等地质灾害
	事故灾害	主要包括小区里发生的重大安全事故（如交通事故），以及影响小区正常管理与服务的其他事故，如环境污染
	公共卫生事故	主要包括突发的可能造成社会公众健康损害的重大传染病、传染性典型肺炎等疫情，群体性不明原因疾病、重大食物中毒，以及其他影响公共健康的事件
	突发社会安全事件	主要包括重大刑事案件、恐怖事件、经济安全事件以及群体性事件

图4-2　突发事件类别

（三）突发事件处理程序

突发事件处理程序如图4-3所示。

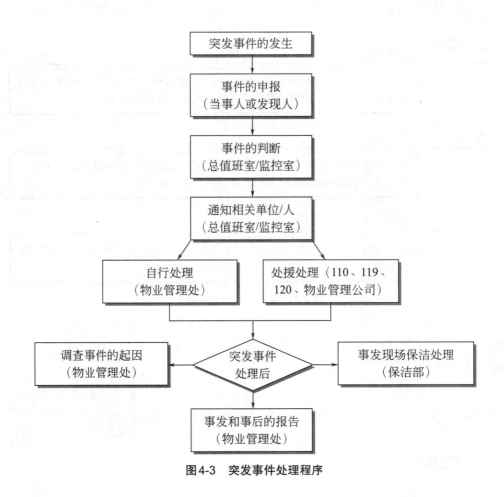

图 4-3 突发事件处理程序

第二节 车辆安全管理

由于对停车场位、停车场（库）重视不够，或者对车辆发展速度估计不足，尽管一般的住宅区、商业区、工业区都留有停车场位或设有停车场（库），但是停车场位大都严重不足，造成车辆乱停乱放；加之车辆种类、型号、吨位的复杂，使得管理人员日益头痛。但无论怎样，在已有停车场的基础上，物业公司要想办法做好车辆的安全管理。

一、加强道路交通的管理

（一）人力安排

物业管理区域内的交通一般不由交警管理，而是属物业管理处管理。对于大型物业，范围广、道路多，物业公司可以考虑设置交通指挥岗位，安排专职人员负责指挥交通；在交叉口交通流量不大的情况下，可由保安指挥交通，如果交通量较大或特殊的交叉口则设置信号灯指挥交通。使用交通指挥信号灯进行交通指挥，可以减少交通指挥员的劳动强度，减少交通事故以及提高交叉口的通行能力。

同时，要加强培训保安员，让每个人都有指挥交通的能力。

（二）制定管理规定

为了确保物业管理区域内的交通安全畅通，物业公司最好组织人员制定小区交通管理规定，对进入小区的车辆进行限制，并提出规定以规范居民车辆停放、行驶的行为。小区交通管理规定一定要予以公示，具体可贴在小区入口或停车场（库）入口处。

二、完善停车场管理措施

停车场管理措施有以下几点。

（一）划出停车位

停车位分为固定停车位和非固定停车位，大车位和小车位。固定停放车位的用户应办理月租卡，临时停放的用户应使用非固定停车位。固定停车位应标注车号，以便车主方便停放车辆。车场的管理人员应熟记固定停车位的车牌号码，并按规定引导小车至小车位，大车至大车位，避免小车占用大车位。

（二）建立安全措施

建立安全措施即要求停车场内光线充足，适合驾驶，各类指示灯、扶栏、标志牌、地下白线箭头指示清晰，在车行道、转弯道等较危险地带设立警示标语。车场内设立防撞杆、防撞柱。车场管理人员在日常管理中应注意这些安全措施，一旦发现光线不足，就要通知维修人员来处理，各类警示标语、标志不清楚，应及时向上级汇报，请求进行维护。

（三）制定、健全车场管理制度

即使有良好的停车场（库），但如果没有健全的管理制度，同样不能把车辆管好。健全的管理制度应该包括门卫管理制度、车辆保管规定等。

1. 门卫管理制度

这里的门卫包括停车场（库）的门卫和物业区域大门门卫。某些区域，既需保持相对宁静，又需保证行人的安全和环境的整洁，因此，必须控制进入物业区域的车辆，这便是大门门卫的一部分职责。除救护车、消防车、清洁车、小区各营业网点送货车等特许车辆外，其他车进入物业区域时，都应限制性规定，经过门卫允许后方可驶入。大门门卫要坚持验证制度，对外来车辆要严格检查、验证放行；对从物业区域内外出的车辆也要严格检查、验证放行。对可疑车辆更要多观察，对车主要仔细询问，一旦发现问题，大门门卫要拒绝车辆外出，并报告有关部门处理。

2. 车辆保管规定

为了规范停车场的秩序，避免事故的发生，也为了保证车辆的安全，物业公司有必要制定相应的制度，来明确车主的责任、停车场工作人员的管理责任及工作程序。

（四）制定工作程序

对停车场各岗位的工作应制定程序，使保安员能依程序进行。

1. 道口岗工作程序

道口岗工作程序如图4-4所示。

车辆进岗

（1）当发现有车辆需进入住宅区（大厦）、驶近道口前时，应立即走近车辆，向司机立正行举手礼
（2）当司机开启车窗时，递上保管卡并请其收好
（3）在发卡的同时，另一名值班员应迅速在"车辆出入登记表"上准确记录
（4）发卡登记完毕后，应立即将道闸开启放行，并提示行驶路线；若后面有车辆排队时，应示意其停下，并向车主致歉，然后发卡
（5）车辆安全进入道口后，才能放下道闸，确保道闸不损坏车辆
（6）当遇到公安、警察、政府部门执行公务的车辆要进入时，查证后放行，应做好"交接班记录"登记车牌号

车辆出岗

（1）当发现有车辆驶出住宅区（大厦）达道闸前时，即上前立正并请司机交还保管卡，并核对车牌号
（2）进场时间，如在半小时之内，开启道闸放行；如超过半小时则应按标准收取保管费，收费手续完毕后开启道闸放行
（3）在收卡验证和收费的同时，另一名值班员应在"车辆出入登记表"上准确填写有关内容
（4）若后面有车紧跟，应立即示意停下，另一名值班员应立即放下道闸，再按上述程序进行处理

图4-4　道口岗工作程序

2. 停车场（库）岗位工作程序

停车场（库）岗位工作程序如图4-5所示。

车辆进场

（1）当有车辆驶入停车场（库），应立即开启车挡
（2）迅速准确地在"车辆出入登记表"上记录车牌号及其他项目（在道口岗已登记的车辆如无要求可以不登记）
（3）指引车辆缓行，安全停放在车位上
（4）提醒司机关（锁）好车辆门、窗，并检查是否有漏水、漏油等情况

保管

（1）每小时巡视检查一次车辆，以确保车辆正常停放。如有车被损坏、车门未关、车未上锁、漏水、漏油等情况应及时通知车主处理；未通知到车主时，做好"交接班记录"，同时报班长或物业管理处
（2）清点停车场（库）内的车辆，核实与"车辆出入登记表"上是否一致
（3）严密注视车辆情况和驾驶人的行为，若醉酒驾车的应立即劝阻，并告班长或管理处及时处理

车辆出场（库）

（1）当车辆驶出停车场（库）时，应仔细核对出场的车辆和驾驶人
（2）查对无误后，值班员开启车挡，并迅速在"车辆出入登记表"上做好登记
（3）如果对出场车辆和驾驶人有疑问时，应立即到车挡前面向驾驶人敬礼，再向其盘问核对有关情况
（4）在盘问和核对中若发现有问题，应立即扣留车辆，要灵活应对驾驶人的责问，并用对讲机报告车管负责人和物业管理处

图4-5　停车场（库）岗工作程序

（五）进出车辆严格控制

在停车场（库）出入口设专职人员，对进出车辆实行严格控制，负责指挥车辆进出、登记车号、办理停车取车手续工作。进场车辆应有行驶证、保险单等，禁止携带危险品及漏油、超高等不合规定的车辆进入。在出入口处应设置停车场出入登记卡（表4-4）、机动车停车场车辆出入登记表（表4-5）、摩托车车库出入登记表（表4-6），供专职人员登记使用。

表4-4　停车场出入登记卡

卡号：

日期	车牌号码	进场时间	离场时间	收费情况	值班员	备注

表4-5　机动车停车场车辆出入登记表

进场		车牌号码	车型	颜色	出入登记卡号	值班员	离场		收费金额	免费停车驾驶员签名	值班员	保安主管签名确认	备注
日期	时间						日期	时间					

注：1.值班车管员必须认真填写各栏目。
2.符合免费停车条件的车辆，其驾驶员必须签字。
3.每班下班后，保安主管必须到场核实未收费情况并签字认可。
4."备注"一栏填写入场车辆的外观损坏和缺少的主要附件情况。

表4-6　摩托车车库出入登记表

进场		车牌号码	发放保管证号	值班员	离场		收回保管证号	值班员	备注
日期	时间				日期	时间			

注：1.值班车管员必须认真填写表内的每一个项目。
2."备注"一栏填写入场车辆的外观，缺少的主要附件，否则一律作违章处理。

（六）进行车辆检查、巡视

车辆保管员应实行24小时值班制，做好车辆检查和定期巡视，确保车辆的安全，消除隐患。

① 车辆停放后，保管员检查车况，并提醒驾驶人锁好车窗、带走贵重物品，调整防盗系统至警备状态。

② 对入场前就有明显划痕、撞伤的车辆要请驾驶人签名确认。

③ 认真填写停车场车辆状况登记表（表4-7），以防日后车辆有问题时产生纠纷。

表4-7 停车场车辆状况登记表

日期：_____年___月___日

车辆牌号	车位	检查项目							进场时间	出场时间	车主签名认可	值班员签名
		照明灯	外壳	标志	轮胎	玻璃	后视镜	转向灯				

三、停车卡办理和收费管理

（一）停车卡的办理

停车场（库）保管车辆一般分月保和临保两种方式。月保车辆按月收费，临保车辆则计时收费。办理月保时，车主可带齐证件或证明到停车场（库）收费处办理，与收费处签订车位租用协议。保管员在收取车主当月应缴纳的车位租金及管理费后，应发停车卡（IC卡）及电子出入卡给用户，并收取电子出入卡押金。

（二）停车场（库）的收费

1. 制定收费标准

停车费的收取范围包括外来访客车辆和内部用户车辆。一般情况下，内部用户车位的租购费由物业管理处收缴。而车辆保管的合理收费是指维护停车场（库）正常使用必需的费用，如保管员的劳务费支出和适当的管理费，收费标准必须在合理的范围内。收费应根据当地政府的有关规定、自身情况、市场情况来确定收费标准，并须报物价部门审核备案。在具体实施时，应严格按不同类型、不同停车场（库）标准制定合理的收费标准；对临时停车、固定停车等应分别制定相应的标准。

2. 制定收费制度

为对停车场（库）的收费进行控制，防止收费人员的贪污行为，物业公司应该制定相应的制度来加以控制。

3. 收费管理表格

为使停车场的收费有据可循，具追溯性，并且便于分析，防止保安员的贪污行为，物业公司宜制定一些表格（表4-8和表4-9）来加以控制。

表4-8 车辆收费登记表

岗位：　　　　　　　　　　　　　　　　　　　　　　　　　日期：_____年____月____日

车牌	车型	进场时间	出场时间	收费情况				值班员	备注
				卡类	停车票	现金	金额		

表4-9 停车票使用情况表

日期：_____年____月____日

日期	本月领用		本月使用			期末结余	
	金额	号码	早班	中班	夜班	金额	号码
1							
2							
3							
4							
…							
31							

制表：　　　　　　　　　　　　　　　　　　　　　审核人：

四、制定车场（库）意外应变预案

在停车场（库）内不可避免地会发生一些意外情况，如停电、车辆碰撞、火灾、收款机故障、车道堵塞、车辆相撞等，对于这些意外情况，物业公司应该在平常的工作中多留意，当某一情况出现过后，要积极总结处理经验，形成正式的应变预案，并教导保安员熟知预案，按照预案有序处理。表4-10为停车场（库）突发事件应变措施。

表4-10 停车场（库）突发事件应变措施

序号	意外情况	应变措施
1	停电	（1）当停车场（库）停电时，立即将停电区域及详细情况报告当天值班主任、部门主管或消防中心当值保安员，报告工程部并了解停电的原因 （2）收费系统停电，应通知出入口岗位收费人员，使用手动计费 （3）使用紧急照明，保证各通道照明
2	收款系统故障	（1）当收款系统发生故障时，立即通知部门主管或值班主任，并记录故障时间 （2）尽快报工程部维修，恢复正常使用 （3）未能恢复使用前，通知出入口岗位收费人员使用手动计费 （4）按手动计费操作程序收取停车费

续表

序号	意外情况	应变措施
3	火警	（1）当停车场（库）发生火灾时，应以最快的方式通知大厦消防中心，说明起火的确切地点和起火性质 （2）疏散起火现场周围的业户 （3）运用就近的消防器材尽快将火焰扑灭或控制火势蔓延，等候消防人员到场 （4）保护起火现场，等候专业人员进行调查 （5）由经理以上职级的人员决定是否向公安消防局报警 （6）如火势扩大，难以控制，车场（库）员工应协助指导车场（库）内客人以最安全、快捷的途径离开车场（库）到安全地点，并预防其他事故发生 （7）如出现人员受伤，应积极抢救
4	消防系统故障	（1）当消防系统发生故障时，立即通知监控中心值班人员，详细说明故障情况 （2）耐心向在场客人作出解释 （3）采取措施（如使用沙包拦水、立即关水闸等），避免故障导致大厦设备损坏
5	斗殴等暴力事件	（1）遇到斗殴等暴力事件时，应保持冷静，以最快的方式报告领班或监控中心，并简要说明现场情况，如地点、人数、斗殴程度、有无使用武器等 （2）如能控制现场，应及时制止暴力事件；否则，监视现场并与监控中心保持联络，等待上级的指令和增援人员到达 （3）处理过程中应保持克制态度，保持冷静，除正当防卫需要，一般情况下应尽量避免与对方发生争吵或武力冲突 （4）事件中如有人员受伤，要及时组织抢救 （5）尽可能将争执双方留下或将肇事方截获，等候上级处理
6	盗窃或破坏事件	（1）遇到盗窃或破坏事件时，应以最快方式报告监控中心或值班主任，并简要说明现场情况，如地点、人数、人员财物损失情况等 （2）保持冷静，如能处理的可将有关人员带往保安部调查处理；如不能即时处理，则应监视现场，等候其他岗位支援及上级指令 （3）保护现场不受破坏，以待有关单位调查取证
7	醉酒者	（1）发现醉酒者时，在报告监控中心或上级的同时尽力稳定醉酒者的情绪 （2）劝告醉酒者离开停车场（库）范围，如醉酒者无理取闹，可使用强制手段请其离开大厦 （3）在处理醉酒者时一定要保持冷静、克制态度
8	车辆碰撞	（1）当发生车辆碰撞时，将肇事驾驶人留在现场 （2）立即通知值班主任或领班到现场处理 （3）暂时扣下肇事驾驶人的有关证件，等候上级前来处理
9	失卡、卡损毁	（1）当车主失卡或卡损毁时，耐心向车主解释物业公司的规定 （2）按停车场（库）入口岗登记的时间作为遗失卡处理并收取停车费 （3）如客人蛮不讲理，可通知值班主任、领班协助处理
10	车道堵塞	（1）出现车道堵塞时，在不违反物业公司原则的情况下，以最快捷的方式疏通出入车道 （2）如遇到"问题车辆"，可先暂扣驾驶人证件，将车辆安排到不堵塞车道的地方再行处理

续表

序号	意外情况	应变措施
11	电梯故障	（1）停车场（库）电梯出现故障时，通知监控中心值班人员 （2）在电梯口摆放通知或指引 （3）通知入车口值班人员 （4）入车口岗接通知后应向入场客人作适当指引 （5）收款员在收取停车费后应向客人进行适当的解释和指引
12	军、警车辆不按规定停放或不交停车费	（1）军、警车辆不按规定停放时，向驾驶员说明物业公司的规定 （2）如难以独自处理的，则尽快通知值班主任、领班到场处理解决 （3）尽力将驾驶人留在现场 （4）保持冷静，不使用过激的语言及不礼貌行为与驾驶人争执

第三节 消防安全管理

一、消防组织建设与责任分工

（一）消防组织建设

物业管理处既然是管家，对消防责任自然是义不容辞。而物业管理人员是管理处的工作人员，因此管理处的消防责任也就自然地体现在工作人员身上。对于物业公司而言，一定要在组织上对消防工作予以保证，具体而言，就是要明确本公司的消防组织的人员组成，并将人员名单都登记在"消防组织情况表"（表4-11）上，管理处灭火自救应急组织指挥流程图如图4-6所示。

表4-11 消防组织情况表

单位			地址			
小区类型			占地面积		建筑面积	
管理处防火负责人	姓名		职务		电话	
管理处保安主管	姓名		职务		电话	
公司安委会办公室	电话		安全部		电话	
消防监控中心	负责人		义务消防队	班（队）数		
	值班电话			人数		
	人数					

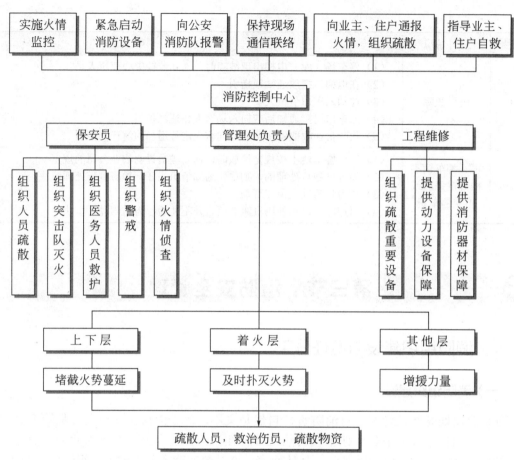

图4-6 管理处灭火自救应急组织指挥流程图

（二）明确公司的防火安全责任人

一般而言，为明确消防职责，最好出具以下的文件来明确防火安全责任人，但这并不意味着其名字未出现在名单上的就没有消防责任。

防火安全责任人名单

本管理处防火安全责任人、防火安全负责人、参加消防上岗培训义务消防队员及救护人员名单如下。
1.管理处物业总经理_____任防火安全责任人。
2.管理处物业副总经理_____、人力资源部经理_____、物业管理部经理_____、物业管理部副经理（主管安全）_____、工程管理部经理_____为各部门安全分工负责人。
3.义务消防队员名单：_____、_____。
4.救护人员名单：_____、_____、_____。

_____物业管理处
日期：____年___月___日

（三）确定各级人员的消防安全责任

对于公司的各级人员——消防安全领导小组、消防兼职领导、消防中心、消防队员、义务消防队员等也都要明确其消防职责，并以文件的形式体现出来。

二、确定区域防火责任人

消防安全人人有责,并不仅仅是指物业管理人员,还应包括业主和租户。他们也有防火责任,因为他们所居、所用的区域有时候物业管理不到,比如乱拉电线等。所以一定要依法确定各区域消防安全责任人,履行消防安全责任制、落实消防管理工作;完善各项消防安全管理规章制度,做到业主和租户消防安全人人有责。

可要求业主和租户根据企业规模大小、经营类别、机构部门设置和公众人流的特点等实际情况,建立并落实逐级消防安全责任制及消防安全管理制度,其具体步骤如下。

(一)发出确定防火责任人的通知

在业户迁入之初,就应要求其确定防火责任人。不过,业户是不会主动去做这项工作的,所以,物业公司应派人主动、积极地发出通知,并不时跟催。

关于确定防火责任人的通知

各用户:

为严格执行国家消防法规,保障大厦用户的生命财产安全,请贵单位确定防火责任人(应为贵单位常驻本大厦的负责人),并填写以下"本单位防火责任人名单",加盖公章后送交管理公司服务中心。我公司将签发"防火责任人任命书"给贵单位,请贵单位防火责任人按照"防火责任人职责"贯彻落实各项消防工作。

管理公司(盖章)

用户单位防火责任人回执表

房号	单位名称	防火责任人姓名

紧急情况联系电话:_____

签名盖章:_____
日期:____年___月___日

(二)签发防火责任人任命书

在收到"用户单位防火责任人名单"后,一定要按程序签发"防火责任人任命书"给用户单位,请用户单位防火责任人按照"防火责任人职责"贯彻落实各项消防工作。

防火责任人任命书

兹任命_____先生/女士为_____防火责任人,具体负责本单位消防安全工作。

防火责任人职责如下。

1. 贯彻执行《中华人民共和国消防条例》实施细则和其他有关消防法规。
2. 组织实施逐级防火责任制和岗位防火责任制。
3. 建立健全防火制度和安全操作规程。
4. 把消防工作列入工作、生产、施工、运输、经营管理的内容。

5. 对职工进行消防知识教育。
6. 组织防火检查，消除火险隐患，改善消防安全条件，完善消防设施。
7. 领导专职或者义务消防组织。
8. 组织制定灭火方案，带领职工扑救火灾，保护火灾现场。
9. 追查处理火警事故，协助调查火灾原因。

                 _____物业管理处
                 日期：____年___月___日

（三）签订区域防火责任协议书

确定好区域防火责任人以后，一定要记得与其签订防火责任协议书。

商场防火责任协议书

消防工作重于泰山。为认真贯彻"谁主管、谁负责"的消防工作原则和"预防为主、防消结合"的消防工作方针，积极落实消防岗位责任制，努力做好群治，维护大厦安全，管理处防火负责人_____确定_____为商场_____区域防火责任人，现就有关防火责任达成如下协议。

1. 区域防火责任范围：_____商场_____层_____铺位。
2. 区域防火责任人职责如下。
（1）协助大厦防火责任人做好消防工作，共同维护大厦防火安全。
（2）负责本区域范围内的防火工作，确保本区域的安全。
（3）认真宣传、贯彻、执行《中华人民共和国消防条例》和其他消防法规。
（4）制定并组织实施区域防火责任和岗位防火责任制。
（5）建立和健全防火制度和安全操作规程。
（6）把消防工作列入生产、施工、经营管理的内容，经常对职工进行消防知识教育，领导和指导本区域的消防工作。
（7）协助管理处保护好本大厦公共场所的消防设备、设施及爱护消防器材。
（8）定期（每月一次）组织消防检查，改善消防安全条件，完善消防设施，把火灾事故消灭在萌芽之中。
（9）审核、上报本区域装修工程，纠正和处理本区域的违反消防法规的现象及行为。
（10）组织制订本区域灭火作战方案，带领职工扑救火灾，并保护好现场。
3. 本协议书一式两份，大厦防火责任人，区域防火责任人各一份。
4. 协议书经双方代表签字后生效。

管理处   业主/租户：_____
防火负责人：_____   用户名称：_____
             防火责任人：_____
电话：_____   电话：_____
日期：____年___月___日   日期：____年___月___日

三、积极开展消防宣传、培训

消防宣传、培训非常重要，而且应是物业公司常年要进行的工作。消防培训工作主要从以下三个方面展开。

（一）消防队伍的训练和演习

物业公司应根据所辖物业的实际情况，每年进行一次消防演习，演习结束后，要及时总结经验，找出不足，以便采取措施以后改进，提高物业管理处防火、灭火、自救的能力。

进行消防演习应请公安消防部门派人指导,帮助讲评和总结,并请他们指点改进的办法或途径。

义务消防队应由从物业管理处中选择年轻、身体素质好和工作负责的人员组成,保安部全体保安员应是义务消防员。培训可请有经验的专业消防员、有关专家等来讲课,也可请公安消防部门代为培训。培训内容可以适当拓宽,使消防员们能适应更加复杂的消防情况。培训情况应记录在培训情况表上(表4-12),并将记录存档。

表4-12 义务消防队员培训情况表

单位	姓名	工种	参加何种培训	发证单位	发证时间	复核时间

(二)员工消防培训

开展员工消防培训的目的是加强对员工的消防安全教育培训,提高火灾应急处置能力。物业公司除应定期组织所有员工进行灭火演练外,还应定期组织员工进行防火和灭火知识教育。从而使全体人员都掌握必要的消防知识,做到会报警、会使用灭火器材,并会组织群众疏散和扑救初起火灾。而对于新员工来说,上岗前必须进行消防安全培训,合格后方可上岗。员工消防培训操作程序可参照图4-7来执行。

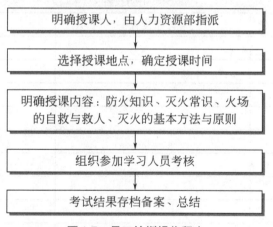

图4-7 员工培训操作程序

(三)业主、租户消防培训

组织业主、租户参加消防培训,可按照图4-8的操作步骤来执行。

四、做好消防档案的管理

消防档案是记载物业管理区域内的消防重点以及消防安全工作基本情况的文书档案,物业管理服务公司应建立消防管理档案。消防档案的内容可根据小区的不同情况进行确定,一般消防档案应包括以下内容。

步骤一	通过广播、墙报、警示牌等多种形式，向业主和租户宣传消防知识，营造起消防安全人人有责的良好氛围
步骤二	定期组织培训。可预先发通知，并进行跟催确认。培训内容为：消防管理有关法律法规、防火知识、灭火知识、火场的自救和救人、常用灭火器的使用与管理、公司所制定的《消防管理公约》《消防管理规定》《业主/住户安全责任书》《安全用电、用水、管道燃气管理规定》《消防电梯使用规定》等
步骤三	在组织各位业主和租户参加消防培训时，一定要做好相关记录，以显消防培训的严肃性
步骤四	培训结束后，应组织参加人员考核，并将试卷立档备案、总结

图4-8　业主、租户消防培训操作步骤图

（一）消防设施档案

消防设施档案的内容包括消防通道畅通情况、消火栓完好情况、消防水池的储水情况、灭火器的放置位置是否合适、消防器材的数量及布置是否合理、消防设施更新记录等。这些情况可记录在消防设施情况表上（表4-13）。

表4-13　消防设施情况表

一、消防设备				
设备种类		数量	分布位置	情况描述
1．消防泵				
2．消防栓				
3．水龙带				
4．蓄水池				
灭火器	干粉			
	泡沫			
	二氧化碳			
	1301			
	酸碱			
二、消防水源分布情况				

（二）防火档案

防火档案包括消防负责人及管理人员名单、物业管理区域平面图、建筑结构图、交通和水源情况、消防管理制度、火险隐患、消防设备状况、重点消防部位情况（表4-14）、前期消防工作概况等。以上内容都应详细记录在档案中，以备查阅；同时，还应根据档案记载的前期消防工作概况，定期进行研究，不断提高消防管理水平。

表 4-14 防重点部位情况表

部位名称	建筑耐火等级	面积/平方米	负责管理部门	员工人数	消防责任人
概况					
火灾特点					
扑救措施					

（三）火灾档案

火灾档案包括一般火灾的报告表和调查记载资料，火灾扑救的情况报告，对火灾责任人的追查、处理有关材料，火险隐患整改通知书等。

五、加强消防检查巡查

进行消防安全检查，是预防火灾的一项基本措施。物业公司应积极组织、督导消防检查工作。

（一）明确消防设备巡查的内容及频次

消防设备巡查的内容及频次见表 4-15。

表 4-15 消防设备巡查的内容及频次

消防设备	巡查内容及频次
烟温感报警系统	（1）每周对区域报警器、集中报警器巡视检查一次，电源是否正常，各按钮是否在接收状态 （2）每日检查一次各报警器的内部接线端子是否松动，主干线路、信号线路有否破损，并对20%的烟感探测器进行抽查试验 （3）每半年对烟温感探测器进行逐个保养，擦洗灰尘，检查探测器底座端子是否牢固，并进行逐个吹烟试验 （4）对一般场所每三年、污染场所每一年进行一次全面维修保养，主要项目：清洗吸烟室（罩），集成线路保养
防火卷帘门系统	（1）每半月检查一次电气线路、元件是否正常并清扫灰尘 （2）每月对电气元件线路检查保养一次，有无异常现象，绝缘是否良好，按照设计原理进行试验 （3）每季度对机械元件进行保养检查、除锈、加油及密封

续表

消防设备		巡查内容及频次
送风、排烟系统	送风	（1）每周巡视检查各层消防通道内及消防电梯前大厅加压风口是否灵活 （2）每周巡视检查各风机控制线路是否正常，可做就地及遥控启动试验，打扫机房及风机表面灰尘 （3）每月进行一次维护保养、检查电气元件有无损坏松动、清扫电气元件上的灰尘、风机轴承加油等
	排烟	（1）每周巡视检查各层排烟阀、窗、电源是否正常，有无异常现象。同时对各排烟风机控制线路进行检查，就地启动试验，打扫机房及排风机表面灰尘 （2）每月进行一次维护保养，检查电气元件有无损坏松动，对排烟机轴承及排烟阀机械部分加油保养，打扫机房，同时按照设计要求对50%的楼层开展自动控制试验
消火栓系统		（1）每周巡视检查各层消火栓、水龙带、水枪头、报警按钮等是否完好无缺，各供水泵、电源是否正常，各电气元件是否完好无损，处于战备状态 （2）每月检查一遍各阀门是否灵活，进行除锈加油保养；检查水泵是否良好，对水泵表面进行除尘、轴承加油；检查电气控制部分是否处于良好状态，同时按照设计原理进行全面试验 （3）每季度在月检查的基础上对水泵进行中修保养，检查电动机的绝缘是否良好
花洒喷淋系统		（1）每周巡视检查管内水压是否正常，各供水泵电源是否正常，各电气元件是否完好无损，处于战备状态 （2）每月巡视检查花洒喷淋头有无漏水及其他异常现象，检查各阀门是否完好并加油保养，同时进行逐层放水，检查水流指示器的报警是否正常，水位开关器是否灵敏，并启动相应的供水泵看是否能正常供水 （3）供水泵月保养、季中修的内容与消火栓水泵的相同
应急广播系统		（1）每周检查主机、电源信号及控制信号是否正常。各控制开关是否处在正常位置，有无损坏和异常现象，及时清洗主机上的粉尘 （2）切换机在每月的试验过程中，是否正确地切换。检查麦克风是否正常，定期清洗磁头 （3）楼层的喇叭是否正常，清洗喇叭上的粉尘等 （4）检查后进行试播放

（二）确定消防设施安全检查的责任人及要求

各种消防设施由工程设备部负责、保安部配合进行定期检查，发现故障及时维修，以保证其性能完好。具体要求如下。

① 安保巡逻员每天必须对巡逻区域内灭火器材安放位置是否正确、铁箱是否牢固、喷嘴是否清洁、畅通等进行检查，如发现问题，应及时报告工程设备部修复或更换。

② 工程设备部会同安保部对消防栓箱门的开启、箱内水枪、水带接口、供水阀门和排水阀门等，每月进行一次放水检查，发现问题，应及时纠正。

③ 消防中心要经常检查消防报警、探测器（温感、烟感）等消防设施，发现问题，应及时报工程设备部进行维修。

④ 消防中心每3个月检查一次二氧化碳灭火器的重量及其存放位置，对温度超过42℃的，应采取措施。对存放地温度超过42℃的，应采取措施降温。

⑤ 消防中心应定期检查"1211"灭火器，重量减少1/10以上的，应补充药剂并充气，

对放置在强光或高温地方的，应马上移位。

⑥ 每天都要检查安全门的完好状态，检查安全消防通道是否畅通，如发现杂物或影响畅通的任何物件，应立即采取措施加以排除。

⑦ 消防设施周围严禁堆放杂物，消防通道应随时保持畅通。

（三）要求做好消防检查记录

在消防巡查检查过程中，要做好相应的记录，见表4-16，尤其是对发现的异常情况要记录下来，见表4-17，并提出处理措施。但并不是记录好了事情就结束了，记住，所有消防安全检查记录都应归档保存。

表4-16　消防器材检查表

单位：　　　　　　　　　　　　　　　　　　　　　　　　检查人：

名称	型号、规格	数量	检查情况	备注

表4-17　消防巡查异常情况记录表

班次：　　　　　　　　　　　　　　　　　　　日期：＿＿＿年＿＿月＿＿日

时间	地点	异常情况记录	处理措施	备注

主管：　　　　　　　　　　　　　　　　巡查员：

（四）监督消防隐患的整改

消防隐患的整改管理要重点注意以下事项。

① 检查中发现各种设备、设施有变异，或其他违反消防安全规定的问题，要立即查明原因，及时处理。不能立即解决的，由公司下发整改通知书（表4-18），要求限期整改。

② 受检单位接到整改通知后，应组织人员对消防隐患及时进行整改，并按规定时限完成。

③ 受检单位整改完毕后，检查负责人应组织人员对火险隐患进行复查，并记录复查结果。

④ 每到月末，要对物业的消防隐患情况应做月度汇总表（表4-19）。

表 4-18　消防检查整改通知书

_____先生/小姐：
　　经____年____月____日____时____分检查，发现你_____（部位）有下述火险隐患。限于____月____日前采取如下有效措施整改完毕，并将整改情况及时通_____。

签收人/日期：　　　　　　　　　　　　签发人/日期：

隐患情况和应采取措施：

整改情况：

责任人/日期：

复查情况：

复查人/日期：

表 4-19　消防隐患整改月度汇总表

月份：　　　　　　　　　　　　　　　　　　　　　制表人：

整改通知书编号	整改通知下达时间	隐患部位	隐患摘要	消防责任人	整改完成时间	检查人	检查结果

审核：　　　　　　　　　　　　　　　　　　　制表：

六、开展消防演习

消防演习，既可以检验物业管理区域内消防管理工作的情况，消防设备、设施运行情况，管理处的防火、灭火的操作规程和组织能力，又可通过演习来增强员工及业户的消防意识，提高他们的逃生及自救的能力。物业公司应根据物业管理区域的实际情况和消防管理部门要求，每年组织 1～2 次消防演习。

（一）组织消防演习的步骤

组织消防演习，一般须经过以下几个步骤。
1. 消防演习方案的制定
在制定消防演习方案时，物业公司一定要充分考虑本物业的具体情况，其内容通常包括演习时间、地点、参演单位、组织机构设置、演习程序及演习结束后的工作。
2. 申请批准
物业公司或物业服务管理项目部，应提前一个月将消防演习方案计划上报业主委员会，经业主委员会批准后，向公安消防部门主管警官汇报、备案；同时，就消防演习方案向主管警官征询意见,并进行整改和修订。

3. 消防演习实施的通知

在消防演习前两周,应向物业管理区域内的业户发出消防演习通知。在消防演习前两日,应在公共区域张贴告示,进一步提示业户关于消防演习事宜。

关于组织实施消防演练的通知

尊敬的各位业主、用户:

　　为提高公司应对突发事件的处置能力和处置水平,保护企业和业主、用户的生命财产安全,经研究决定,开展一次"楼层着火扑救及着火人员疏散"消防模拟演练。希望公司各相关部门和相关楼层人员遵从指挥,严格按照方案要求实施消防演练。

××物业服务有限公司
日期:_____年___月___日

---

4. 消防演习内容的分工

消防演习内容的分工见表4-20。

表4-20　消防演习的分工

序号	人员分工	工作内容
1	灭火总指挥	(1)向消防值班人员或其他相关人员了解火灾的基本情况 (2)命令消防值班人员启动相应消防设备 (3)命令物业公司员工根据各自分工迅速各就各位 (4)掌握火场扑救情况,命令灭火队采取适当方式灭火 (5)命令抢救队采取相应措施 (6)掌握与消防相关的各系统的运行情况,命令各系统采取相应措施 (7)协助消防机关查明火因;处理火灾后的有关事宜
2	灭火副总指挥	负责在灭火总指挥不在现场时履行总指挥的职责,配合协同灭火总指挥的灭火工作,根据总指挥的意见下达命令
3	现场抢救队和运输队	负责抢救伤员和物品,本着先救人、后救物的原则,运送伤员到附近的医院进行救护,运输火场急需的灭火用品
4	外围秩序组	负责维护好火灾现场外围秩序,指挥疏散业户,保证消防通道畅通,保护好贵重物品
5	综合协调组	负责等候引导消防车,保持火灾现场、外围与指挥中心联络
6	现场灭火队	负责火灾现场灭火工作
7	现场设备组	负责火灾现场的灭火设备、工具正常使用和准备
8	机电、供水、通信组	负责确保应急电源供应,切断非消防供电,启动消防泵,确保消防应急供水,确保消防电话和消防广播畅通,确保消防电梯正常运行,其他电梯返降一层停止使用,启动排烟送风系统,保持加压送风排烟

5. 消防演习前的培训、宣传

对物业管理处全体员工进行关于消防演习方案培训,使各个部门的员工了解自己的工作范围、运行程序和注意事项。在演习前采用挂图、录像、板报、条幅等形式开展对业户的消防安全知识宣传。

6. 做好消防设备、设施、器材等的准备

在消防演习前一周时间，消防设备、设施和消防器材进入准备状态。检查消防播放设备、电梯设备、供水设备、机电设备的运行状况；准备各种灭火器和消防水龙带等工具；准备通信设备；选定"火场"并准备制造火源用品及预防意外发生的设备和器材；准备抢救设备工具和用品等。确保所有消防设备、器材处于良好状态，准备齐全。

7. 准备工作落实情况的检查

演习前3天，由灭火总指挥带领相关负责人对消防演习准备工作进行最后综合检查，确保演习顺利进行，避免发生混乱。检查包括人员配备、责任考核、消防设备和器材准备、运输工具以及疏散路径等内容。

8. 消防演习的实施

① 开启消防广播，通知业户消防演习开始，反复播放引导业户疏散。

② 灭火队各灭火小组开始行动，按分工计划展开灭火、疏散、抢救工作。

③ 电梯停到一层，消防梯启动，所有消防设备进入灭火状态。

④ 开始消防灭火模拟演习。物业公司进行疏散演练；灭火器实喷演练；抛接水龙带演练；救护演练；模拟报警训练等。邀请业户观看或参加实际训练。

⑤ 演习结束，用消防广播通知业户消防演习结束，电梯恢复正常，并感谢业户、宾客的参与支持。

⑥ 消防演习总结。消防演习结束后，要求各灭火小组对演习工作进行总结（表4-21），要拜访业户或采取其他方式收集业户对消防演习的意见，找出存在的问题并进行讨论确定，改进演习方案和演习组织实施过程中的不合理之处。

表4-21 消防演习总结报告

管理处：_____年____月____日

组织人	指挥人	方案拟制人	参加人数	演习时间
				自____时____分至____时分止
演习的主要内容				
演习效果与自我评价				
				评价人/日期：
社区环境管理部意见				
				审核人/日期：

（二）消防演习的注意事项

在消防演习中，应注意以下事项。

① 消防演习应选择在白天进行，安排在对业户生活和工作影响小的时间段，以便更多的人参加。

② 消防演习"火场"应选择在相对安全的位置，尽量减少对业户的影响并保证安全。

③ 消防演习时，要避免长时期断电（停电），可以象征性地停电数秒钟。

④ 消防演习过程中，采取各种形式做好参加演习业户情况的记录工作，对不理解的业户做好解释工作，加强消防知识宣传、讲解工作，做好参与演习业户的安全保护工作。

第四节 物业设备设施管理

一、了解物业设备设施的组成

物业公司要对物业设备设施维护、管理好,首先必须对物业区域范围内有哪些设施设备心中有数。通常,物业设备设施是根据用户要求和物业用途的不同而设置的。一般住宅中有给排水、供电和卫生等设备设施,而现代化的商务大厦还有电梯、中央空调、消防、安防、办公自动化、通信网络和各种电子信息设备设施等系统。我国城镇建筑的物业设备设施一般由以下系统构成(表4-22)。

表4-22 物业设备设施的组成

序号	设备系统	组成设备
1	给排水系统	给排水系统是指建筑内部附属设备中的冷水、热水、开水供应和污水排放等工程设施的总称
2	燃气供应系统	燃气供应系统主要由燃气管网、燃气储配站和调压站等部分组成。常用设备设施有燃气灶、燃气热水器、燃气采暖炉、燃气表和燃气管道等
3	供暖、通风和空气调节系统	供暖、通风和空气调节系统由供暖设备、通风设备、空气调节设备等组成
4	电气工程系统	电气工程系统由供电及照明设备、弱电设备、运输设备、建筑防雷及接地装置设备等构成
5	智能建筑设备系统	智能建筑设备系统由建筑设备自动化系统、通信网络系统、办公自动化系统和结构化综合布线系统等组成

二、建立物业设备档案

为使物业在管理过程中不混乱,必须对设备的基础资料进行管理。物业设备基础资料管理,主要是建立物业设备设施系统的原始档案,妥善保管设备技术资料以及政府职能部门颁发的有关政策、法规、条例、规程和标准等文件。

(一)收集、整理设备基础资料

物业公司在接管物业之初就要有准备地开始收集、整理以下各项资料,有些资料是在开发商或原物业公司接管的时候就接收的,如设备原始档案;有的则要靠自己留意去收集,如法规方面的资料。

1. 设备原始档案

设备原始档案一般包括以下几个方面。

- ◆设备清单或装箱单、设备发票、产品质量合格证明书。
- ◆开箱验收报告。
- ◆产品技术资料:主要包括设备图纸、使用说明书、安装说明书等。
- ◆安装施工、水压试验、调试、验收报告。

2. 设备技术资料

设备技术资料一般包括设备卡片、设备台账、设备技术登记簿、竣工图和系统资料等。

3. 国家有关部门颁发的相关政策、法规、条例、规范、标准等文件

国家相关部门颁发的政策、法规、条例、规范和各种技术标准（表4-23）是设备管理中的法律文件，指导和约束着物业设备的管理工作，需加以收集、整理。因此必须分类存档、妥善保管好。

表4-23 政策、法规、条例、规范、标准

序号	类别		具体文件
1	政策、法规、条例及规范	环境保护方面	《中华人民共和国水污染防治法》《中华人民共和国大气污染防治法》《中华人民共和国固体废物污染环境防治法》《中华人民共和国环境噪声污染防治法》《中华人民共和国放射性污染防治法》和《中华人民共和国水法》等
		消防方面	《中华人民共和国消防法》《建筑设计防火规范》《高层民用建筑设计防火规范》《人民防空工程设计防火规范》等
		节能方面	《中华人民共和国节约能源法》
		建筑方面	《中华人民共和国建筑法》《住宅装修工程施工规范》《民用建筑、室内环境污染控制规范》等
2	技术标准		如《生活饮用水卫生标准》《室内空气质量标准》《室内环境质量评价标准》《污水综合排放标准》《中华人民共和国国家标准——工业锅炉水质》《锅炉大气污染物排放标准》《建筑装修工程质量验收标准》《城市区域环境噪声标准》等

（二）分类存档、妥善保管

将收集好的资料分好类，按企业文件控制程序的规定加以保管，并明确管理责任人，及借阅手续与程序，以便让资料保管完好、不流失。

三、加强物业设备运行管理

物业公司应该关注的物业设备运行管理包括技术运行管理和经济运行管理两个部分。

（一）物业设备技术运行管理

物业设备技术运行管理就是要建立合理的、切合实际的运行制度、运行操作规定和安全操作规程，建立定期检查运行情况和规范服务的制度等。其主要作用是保证设备安全、正常的运行。物业设备技术运行管理应落实以下几个方面的工作。

① 针对设备的特点，制定科学、严密、切实可行的操作规程。
② 对操作人员要进行专业培训教育，国家规定需持证上岗的工种必须持证才能上岗。
③ 加强维护保养工作。
④ 定期校验设备中的仪表和安全附件，确保设备灵敏可靠。
⑤ 科学地监测、诊断故障，确保设备设施安全运行。
⑥ 对设备事故的处理要严格执行"四不放过"原则。

（二）物业设备运行成本管理

运行成本管理主要包括能源消耗经济核算、操作人员配置和维修费用管理等方面。

1. 能源消耗的经济核算

设备在运行过程中，需要消耗水、电、压缩空气、燃油等各类能源，节约能源就是节约能耗费用。能源消耗的经济核算工作主要有以下三方面，见表4-24。

表4-24 能源消耗的经济核算工作

序号	核算工作	控制要点
1	制订能源耗用量计划和做好计量工作	（1）每年要预先按月编制各类能源的消耗量及能源费用的计划，做出1～12月每个月的各类能源的耗用计划及能源费用支出计划 （2）各类能源的使用要有正确可靠的计量仪表，坚持做到每天定时抄表记录，并计算出日耗量，每旬检查统计一次实际耗用量，每月统计一次实际耗用量及能源费用，并将每月的实际耗用量及能源费用与年度计划进行比较 （3）如能源耗用量出现异常情况，应立即查清原因并报告负责人
2	采用切实有效的节能技术措施	（1）积极采用节能产品和节能技术，降低能源消耗；充分利用余热能源资源，减少一次能源的消耗 （2）在选用设备时，注意设备的技术参数要同工艺要求相匹配，优先采用先进的电子控制技术，实施自动调节。从而使设备在运行过程中始终处于最佳的运行状况 （3）在节约用水方面，要做到清浊分流、一水多用、废水利用 （4）在节约用电方面，优先选用节能型电器设备，在供配电设施上应有提高功率因数的措施；在照明用电方面，要尽量多利用自然光，选择合理的照明系统和照明灯具，照明灯具应采用时间控制、光电控制或红外音频控制等节能控制方式 （5）在管网维护方面，要防止管道、阀门及管道附件的泄漏和损坏，发现问题要及时修理和调换。对使用热源和冷源的管道及设备应加强保温绝热工作，以减少散热损失
3	切实做好节能管理工作	（1）应选择具有节能专业知识、实践经验和有技术职称的人员任能源管理人员 （2）能源管理人员负责对本单位的能源应用状况进行监督、检查。按照合理用能的原则，推行节能的科学管理方法，组织实施节能技术措施，降低能耗 （3）制定本单位合理的能源消耗定额，建立节能工作责任制度并且严格考核 （4）开展节能教育，组织有关人员参加节能培训 （5）能源管理人员和在重点耗能设备岗位上工作的操作人员，应经节能行政主管部门指定的机构进行培训，考试合格后方可持证上岗

2. 操作人员的配置

应积极采取合理的人力资源组织形式来安排操作人员，定岗定员，提倡一专多能的复合型人才持证上岗，如使用万能工。

3. 维修费用的管理

一般应确定专人负责，做到计划使用和限额使用相结合。对维修费用的核算，必须要有故障修理记录作为维修费用开支的依据；同时也为今后的维修管理提供参考。

四、做好物业设备维护管理

设备在于管理，好的设备若得不到及时维修保养，就会出现故障，缩短其使用年限。对设备进行维修保养是为了保证设备运行安全,最大限度地发挥设备的有效使用功能,因此,物业公司应加强对设备的维修保养,做到预防为主,坚持日常维护保养与计划维修相结合。

(一)设备维护管理的内容

1. 设备的维护保养

(1)维护保养的方式　维护保养的方式主要是清洁、紧固、润滑、调整、防腐、防冻及外观表面检查。对长期运行的设备要巡视检查、定期切换、轮流使用,进行强制保养。

(2)维护保养工作的实施　维护保养主要是做好日常维护保养和定期维护保养工作,其要求见表4-25。

表4-25　维护保养工作的实施要领

序号	类别	管理要求	保养实施要求
1	日常维护保养工作	应该长期坚持,并且要做到制度化	设备操作人员在班前对设备进行外观检查;在班中按操作规程操作设备,定时巡视记录各设备的运行参数,随时注意运行中有无震动、异声、异味、超载等现象;下班后做好设备清洁工作
2	定期维护保养工作	根据设备的用途、结构复杂程度、维护工作量及维护人员的技术水平等,决定维护的间隔周期和维护停机的时间	需要对设备进行部分解体,为此,应做好以下工作 (1)对设备进行内、外清扫和擦洗 (2)检查运动部件转动是否灵活、磨损情况是否严重,并调整其配合间隙 (3)检查安全装置 (4)检查润滑系统油路和过滤器有无堵塞 (5)检查油位指示器;清洗油箱;换油 (6)检查电气线路和自动控制元器件的动作是否正常等

2. 物业设备的计划检修

计划检修是对正在使用的设备,根据其运行规律及点检的结果确定检修周期,以检修周期为基础编制检修计划,对设备进行积极的、预防性的修理。根据设备检修的部位、修理工作量大小及修理费用的高低,计划检修工作一般分为小修、中修、大修和系统大修四种,见表4-26。

表4-26　计划检修工作种类

序号	计划检修类别	主要内容	备注
1	小修	清洗、更换和修复少量易损件,并做适当的调整、紧固和润滑工作	一般由维修人员负责,操作人员协助
2	中修	在小修的基础上,对设备的主要零部件进行局部修复和更换	中修、大修主要由专业检修人员负责,操作人员协助工作
3	大修	对设备进行局部或全部的解体,修复或更换磨损或腐蚀的零部件,尽量使设备恢复到原来的技术标准;同时也可对设备进行技术改造	
4	系统大修	对一个系统或几个系统甚至整个物业设备系统停机大检修,通常将所有设备和相应的管道、阀门、电气系统及控制系统都安排在系统大修中进行检修	系统大修时,所有相关专业的技术管理人员、检修人员和操作人员都要按时参加,积极配合

（二）维护保养计划制定

1. 计划的准备工作

物业设备的维护保养计划一般是以年度维护保养计划为框架展开的，物业公司一般在上年的12月份制订下一年度的设备保养计划。设备年度保养计划要明确以下几个问题。

① 哪些设备在下一个年度中需要保养？
② 该设备保养的工作内容是什么？
③ 保养需要的工作量有多少？
④ 各设备分别安排在什么时间进行保养？

其中，保养的工作量是不直接反映在年度计划上的。但是，物业公司在编制年度设备保养计划时要考虑保养的工作量，以便能在全年合理分配工作量。在一般情况下，物业设施设备的维护保养计划是比较固定的。年度设备维护保养计划不能大概估算，而是需要相对准确的数据信息。

物业公司应该建立按照设备系统划分的设备档案，通过设备档案就可以全面了解设备现状并制订相应的保养计划。

保养工作的内容要根据设备运行状态确定，主要是基于以下两个方面。

① 设备供应商以及国家法律规定必须要保养的内容，这些信息是比较容易获得的。
② 设备的运转情况，尤其是设备出现故障的信息，这是制订设备保养计划时要重点关注的内容。

2. 制订设备维护保养计划

设备维护保养计划并不是一张计划表就能解决的，它是设备维护保养的框架，是一系列的计划。年度保养计划在每月、每周都需要进行分解，并对工作内容进行细化。设备维护保养计划可以根据管理要求制订，形式是多样的，但必须包含以下内容。

（1）设备维护保养周期结构　设备维护保养周期结构是指设备在一个修理周期内，一保、二保、大修的次数及排列顺序。修理周期是指两次大修理之间或新设备开始使用至第一次大修理之间的时间。如图4-9所示是设备维护保养周期的典型结构形式。

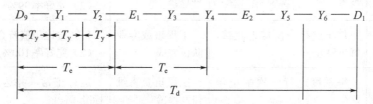

图4-9　设备维护保养周期的典型结构形式

D_9—新设备开始使用；Y_n—第n次一级保养；E_n—第n次二级保养；D_1—第一次大修理；
T_y—一级保养间隔期；T_d—大修理间隔期；T_e—二级保养间隔期

（2）设备保养间隔期　设备保养间隔期是指两次维修保养之间的间隔时间。一保间隔期是指两次一级保养或新设备投入使用后至第一次一级保养、一级保养与二级保养之间的间隔期，如图4-9中的T_y所示。二级保养间隔期是指二级保养或新设备投入使用至第一次二级保养之间的时间间隔，如图4-9中的T_e所示。大修理间隔期是指新设备投入使用后至第一次大修理之间或两次大修理之间的间隔期，如图4-9中的T_d所示。

有些设备的运行与季节有关，例如，用于中央空调的制冷机，一般在气温高于26℃的季节运行。因此，这些设备的维护计划除了要考虑设备本身的磨损规律外，物业公司还应与它们的使用情况结合起来考虑，即制冷机的定期维护保养应安排在不运行的期间进行。

（3）维修内容　设备的定期保养不论是一保、二保，还是大修，都必须制定详细的工作内容，特别要注意参考日常维护保养中发现、记录的异常情况，设备在大修时更要详细列出维修内容与具体维修项目。

（4）设备维护保养工作定额　设备维护保养工作定额包括工时定额、材料定额、费用定额和停歇天数定额等。设备保养工作定额是制订维护保养计划、考核各项消耗及分析维护保养活动经济效益的依据。

以下列举某物业公司房屋配套设施定期保养计划（表4-27），供具体制订计划时参考。

表4-27　某物业公司房屋配套设施定期保养计划

序号	设施名称	维修计划	实施方案	检验标准	备注
1	上、下水管道及相关阀门、配件（含洁具）	（1）每两年给各类管道及阀门刷防锈漆一次 （2）每半年阀门上油保养一次	工程班负责组织巡查、维修和检验	（1）管道通畅，无渗漏现象 （2）阀门配件无跑、冒、滴、漏现象 （3）完好率99%	
2	落水管	每半年保养一次，每年检修一次，每10年大修一次	工程班负责巡查、维修和检验	（1）正常通畅 （2）完好率99%	夏季
3	消火栓及灭火器材等	（1）消火栓及管道，每年试验一次，每半年全面检修一次，5年中修一次，10年大修一次 （2）灭火器材每季度检查一次，每年检测一次	工程班负责组织巡查、维修和检验，公司本部负责抽查、检验	（1）平常处于良好状态，使用时能正常发挥作用 （2）整齐有序、卫生清洁	
4	公用标志	每季清洗一次，每4年中维修一次	保洁班负责巡视检查	（1）标志清晰美观、安装牢固 （2）完好率99%	
5	防雷系统	每年进行一次接地测试，每年检修一次	工程班或专业队伍完成	（1）接地阻值符合规定 （2）完好率100%	
6	公共照明	每季度进行一次配电箱除尘	工程班负责维修及检验	运行正常，并达到使用标准	
7	各种水泵	（1）每季度注油一次 （2）每周检查轴封情况 （3）消防泵每月试动作一次 （4）电控柜每季度除尘一次	工程班负责维修和检验	（1）保证使用运转正常 （2）外观整洁	
8	生活水箱	（1）每年两次检测水质是否达标，每季清洗一次 （2）消毒灯管8000小时更换一次	工程班负责维修和检验	（1）保证使用运转正常 （2）水质达标 （3）外观整洁	

续表

序号	设施名称	维修计划	实施方案	检验标准	备注
9	热力站	（1）每年交换器除垢、压力温度表检测一次 （2）每月泵加油 （3）每季度对配电柜清理一次	工程班负责维修和检验	（1）各种设备运转正常 （2）温度达到设计标准	供暖期间
10	电梯	每月一次：铰接处加油；机房、轿厢底坑除尘、清洁；测试安全系统动作、抱闸工作系数；紧固锁紧部件	公司运行部负责维修和检验	门机开启灵活，活动部件运转自如；机房卫生、清洁；控制柜散热良好；底坑、轿顶清洁	
		每两个月一次：油盒加油；紧固各接线端子及插头	公司运行部负责维修和检验	润滑良好，动作灵活可靠	
		每半年一次：更换齿轮油；更换液压油；清理钢丝绳；各注油孔注油	公司运行部负责维修和检验	润滑良好，磨损正常	
		每年一次：检查部件磨损、润滑情况、检查各安全回路；全面保养；技术监督局年检	公司运行部负责维修和检验	润滑良好，磨损正常；运行正常	
11	电饮水器	（1）每半年一次除垢清洁 （2）每两个月检测电控系统一次，工程部负责维修及检验	公司工程部负责维修及检验	（1）饮用水清洁卫生，无水碱 （2）电气元件工作正常	

（三）设备维护保养计划的实施

如果没有特殊情况发生，设备维护保养的实施应该按照维护保养的计划进行。在具体工作开始前，要对工作进行分解，准备好相关材料，实施保养后要进行验收和记录。

如果当天的维护保养工作受到干扰，或者因为其他原因没有完成工作，则需要重新安排维护工作，既要完成没有实施的工作，又要考虑到不影响其他工作。

比较简单的办法可能是让员工加班完成工作计划，但加班毕竟影响到员工的正常休息，也增加了公司的支出，因此采用加班时要慎重考虑。

第五节 业户维修服务管理

一、设立便民维修保养服务部门

物业公司应考虑设立便民维修服务部门，为业户提供服务。虽然工程部门也可以提供相应的服务，但还是应该设立一个专门的部门为业户提供专业的服务和宣传部门形象。良好的业户服务是成功的前提。当维修保养服务部门满足并超过业户对服务的期望时，就能更好地取得业户的信任。为了这个目的，工程部门必须有计划地首先提供良好的服务，其次是向业户宣传他们的服务成绩。

二、报修程序及时间安排

为规范管理便民维修保养服务，使其有序进行，物业公司须对业户报修及物业公司处理的程序及时间安排作出规定。

（一）日常报修程序

一般而言，业务日常报修的程序如图4-10所示。

步骤一	业户根据所要报修的项目内容，通知便民维修保养服务部门请修
步骤二	物业公司接报修通知后，发出请修凭证，同时调度维修人员赶赴现场维修
步骤三	维修人员修理完工后，由业户或物业公司进行维修质量的验收
步骤四	维修质量验收合格后，由业户按维修人员的维修统计核算结果和请修凭证及有关的收费标准付费，并在派工单上签字后收取付费发票或单据
步骤五	业户如对维修质量、收费及服务等有异议并未能获及时解决的，向物业管理处或其他有关单位进行投诉

图4-10　业务日常报修程序

物业公司应研究业户日常报修的常规程序，从物业管理处的角度出发设计一个合业户报修服务流程，如图4-11所示。

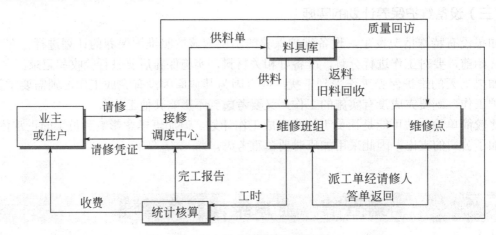

图4-11　业户报修服务流程图

（二）业户日常报修处理的时间安排

对于业户日常报修处理的时间也要事先进行安排，一方面让维修部门的人员有据可循；另一方面将其公示出来，也会获得业户的认可，减少将来业户的投诉。一般来说，时间可以参考以下几点来安排。

① 急修项目可日夜（24小时）报修，并在接到报修后1天内上门修理（市内在1小时内即可上门修理）。

② 一般项目应安排在上午8：00～12：00，下午14：00～20：00进行，并在接到报修后3天内上门修理（市内在1天内即可上门修理）。

③ 对疑难的修理项目应在一周内安排计划查勘，约定修理日期，如期完成报修项目（市内物业小区处理报修单一般都能及时到位，无拖拉推诿现象）。

④ 在双休日、节假日时维修应安排在上午10：00～12：00，下午14：00～20：00进行。

三、制订维修服务承诺

为了加强管理，提高服务质量，物业公司应组织员工制订维修服务承诺，并向全体业户公布维修时间。

（一）制订承诺的原则

管理处在制订和执行服务承诺制过程中，应本着认真负责的原则和实事求是的态度，始终坚持如图4-12所示的原则。

原则一　从业户需求出发

应从业户的需求出发，了解其真实的需求，并据此提供优质服务，不能凭主观想象确定服务标准。物业公司制订承诺标准前最好与业户坦率、真诚地交换意见，使业户了解物业公司的服务能力，对服务实绩形成合理的期望

原则二　承诺真实可行

物业公司应反复研究服务环节，依据物业公司的实力，采取相应的措施，做出适当的承诺，以防止承诺无法兑现

原则三　督促落实

物业公司在宣布服务承诺后，应督促员工严格落实承诺内容，经常进行督促检查。在落实承诺制时，可以与公司的考核制度、奖惩制度、回访制度相结合，以保证承诺兑现

图4-12　制订承诺的原则

（二）制订承诺时的注意事项

为避免服务承诺难以兑现，引起业户投诉，物业公司在制订承诺时应注意如图4-13所示的事项。

以下就写字楼与物业小区提供两份维修服务时间承诺（表4-28、表4-29）范本，供工作中参考。

事项一 显式承诺与隐式承诺相结合

根据实际情况，公布可控标准，不公布不可控标准。如可公布业户房间维修的时间，不公开完成维修的时间。另外，应避免使用"承诺"之类的词语，可以采用"服务标准"等中性词

事项二 完全承诺与具体承诺相结合

完全承诺有较大的风险，对简单易行、费用较少的项目可采取完全承诺，如"保证维修效果，否则不收费"等；对一些昂贵的大型项目，采用具体承诺，如"一般情况下，保证维修效果"等

事项三 内部承诺与外部承诺相结合

规模小、人员较少的物业公司如对公开承诺没有把握，可在公司内部采取内部承诺，有助于加强内部服务质量，以积累一定的经验，为公开承诺做好准备

事项四 补救与补偿相结合

为了避免承诺不能兑现，防止因此而导致业户不满，可采取补救性服务，消除业户不满情绪，获得他们的信赖，避免扩大事态。补救性服务可采取类似商场的"以修代退"方法，尽量用较小代价挽回局面。例如业户对维修质量不满意，公司可以免费再次维修

图 4-13 制订承诺时的注意事项

表 4-28 写字楼维修服务时间承诺

序号	项目	服务内容	处理时限
		工程维修	
1	工程报修	受理业户室内设施工程报修	一经受理 1 分钟内出工程单报修；10 分钟内电话回复业户
2	开通电话	(1) 将电话信号放至业户单元 (2) 外线迁入或开通专线电话	(1) 接开通单后 1 个小时内完成 (2) 收到开通单且电信局将信号放入大厦内 1 小时完成
3	电话迁移	(1) 业户室内电话移位 (2) 大厦内迁移：按预约时间送达业户单元，放至指定的部位	(1) 15 分钟内到达 (2) 预约时间起 1 小时内完成
4	室内通信设备布置	配合业户布置室内通信设备	15 分钟内到达
5	排除电信故障	为业户维修电话，如无电流、无响铃等故障	20 分钟内到达
6	工程问题咨询服务	到达现场受理业户对有关室内或大厦内工程方面的咨询	15 分钟内到达，当场解答
7	通信线路故障	(1) 大厦内部线路或设备问题 (2) 电信局设备问题	(1) 1 个工作日内解决 (2) 与电信局联系，当天内答复

续表

序号	项目	服务内容	处理时限
8	电子门锁故障	处理业户入门电子门锁故障	15分钟内到达,简单故障当场解决;重大故障不能修复的,当场解释原因
9	公共电视故障	处理电视信号受到干扰或因其他原因接收不到电视信号 (1)一般故障 (2)特殊情况	20分钟内到达 (1)当场解决 (2)向业户解释原因及预计修复期限
10	业户其他弱电设备故障	解决业户其他弱电设备故障	接报后15分钟内到达现场解决;因故不能解决的说明原因
11	业户室内二次装修审批	(1)只做简单的间隔,不涉及大厦中央系统的修改 (2)涉及大厦中央空调、消防系统等的修改	(1)资料齐全,1个工作日内批复 (2)资料齐全,2个工作日内批复
12	业户申请装修验收	(1)发现问题:解释清楚、发整改通知 (2)验收通过:填写验收合格文件,交财务部办理退装修保证金	(1)按预约时间到达,1小时内完成 (2)2个工作日内完成
13	业户室内跳闸	为业户重新复位(不包查线)	15分钟内到达
14	更换光管、启辉器	按业户要求更换损坏的光管、启辉器	30分钟内到达,15分钟内完成
15	更换镇流器、光管脚	按业户要求更换损坏的镇流器、光管脚	30分钟内到达,25分钟内完成
16	更换开关、插座	按业户要求更换损坏的开关、插座	50分钟内到达,30分钟内完成
17	更换石英灯	按业户要求更换损坏的石英灯(含镇流器)	30分钟内到达,30分钟内完成
18	加装光管盘	按业户要求加装光管盘	30分钟内到达,1小时内完成
19	加装电源插座	按业户要求加装电源插座	30分钟内到达
20	维修玻璃门	维修玻璃门因下坠、松脱等造成的故障	30分钟内到达,1小时内完成
21	维修安装球锁、抽屉锁	为业户维修或加装球锁、抽屉锁	30分钟内到达,1小时内完成
22	房间天花板	(1)按业户要求更换房间天花板 (2)维修业户房间天花板下坠	(1)1小时内到达,15分钟内完成 (2)30分钟内到达,1小时内完成
23	增改喷淋头	按业户要求增改室内喷淋头	约定时间后3个工作日内完成
24	空调漏水	按业户要求维修室内空调漏水(接水盘堵塞)	15分钟内到达,1.5小时内完成
25	业户室内空调不制冷或有噪声	(1)空调盘管风机轴承加油 (2)维修空调盘管风机电机 (3)维修、更换空调温控器 (4)更换温控器调速开关 (5)维修、更换电动二通阀	(1)7个工作日完成 (2)7个工作日完成 (3)30分钟内到达,2个工作日内完成 (4)30分钟内到达,2个工作日内完成 (5)30分钟内到达,2个工作日内完成

表4-29 小区上门维修服务标准

序号	内容		服务标准（时限）	备注
1	服务质量满意率		100%	第一次达90%；对不满意的10%尽量组织二次维修，使业户满意
2	服务态度		热情、礼貌，举止、言谈得体	
3	提供材料		100%合格	
4	预约维修时间		接到维修申请后，在30分钟区内到达业户家特殊情况除外	按业户预定时间到达，如暂没有维修人员应向业户解释，另约时间
5	维修时间	厨房、卫生间、阳台等设施出现堵、漏、渗或无水等	原则上小故障30分钟内修好，一般故障2个小时内修好（不超过8小时），较难故障不超过3天	特殊情况要向业户解释清楚，并组织突击，尽快维修好
		水管、闸、阀、水表渗漏	一般在2小时内修好，最长不超过8小时	
		厨房、卫生间等楼板渗水到楼下	一般在4小时内修好，如面积大或难以处理最长不超过3天	如需改管，视实际情况由班长或房管员确定；维修后两周内，每周不少于一次回访
		房间没水	1小时内供上水	除市政停水或供水系统进行较大维修、水池定期清洗外，定期保养要提前1天通知，临时停水要出停水告示
		房间无电	1小时内供上电，如需重新购买开关等材料，则在4个小时内	市网停电、对供电系统进行维修养护除外，定期保养要提前1天通知，临时停电要发出停电通知
		电器维修	小修不超过2小时，较难的不超过8小时；灯不亮，门铃、插座损坏等小故障30分钟内修好需重新更换门窗，3天之内完成	
		门、窗修理	无特殊要求的门、窗1天之内更换	

四、制定维修服务程序

为了对维修人员开展的维修服务进行监控，物业公司有必要制定相应的程序，规范物业维修人员开展服务的基本要求，如图4-14所示。

五、加强维修服务检查与回访

为了确保服务承诺能兑现，有必要对维修服务进行检查和回访。回访对维修服务非常重要，也是许多物业公司通行的做法。物业公司有必要重视这方面的工作。

| 要求一 | 接单派工 |

填写"维修(服务)任务单"后,应及时落实维修服务人员和上门维修服务时间

| 要求二 | 工具箱配置 |

(1)工具箱由公司统一配置,应完好无损、外观整洁,司标、编号字迹清晰
(2)箱内工具应齐全、完好、无损,每件工具表面都应保持清洁,箱内供维修使用的布垫、鞋套等应完好无损

| 要求三 | 交通工具配置 |

维修服务人员使用的自行车由公司统一配置

| 要求四 | 安全操作 |

(1)维修电工应持有效的电工安全操作证上岗
(2)维修电工作业前,应穿着绝缘鞋,应确保测电笔和万用电表性能良好
(3)维修电工所使用的扶梯梯脚应用橡胶包扎,具有良好的绝缘性能。登高作业使用的扶梯应无断档、开裂,扶梯的保险绳应牢固,登高作业时应有专人挡梯、监护
(4)注意作业安全,如遇电气线路故障,应停电作业;如遇水管修理,应采取防止水泄漏的措施;如一人难以操作,应由两人共同作业

| 要求五 | 维修服务质量检查 |

维修服务主管每天应检查任务单完成状况及维修服务质量,并做好记录;管理处经理(或物业主任)应及时完成维修服务回访,并做好回访记录

图4-14 维修人员开展服务的基本要求

(一)维修回访的内容

维修回访的内容如下。
① 实地查看维修项目。
② 向在维修现场的业户或其家人了解维修(服务)人员服务的情况。
③ 征询改进意见。
④ 核对收费情况。
⑤ 请被回访人签名。

(二)回访时间要求

对于回访时间,物业公司最好在回访制度中加以规定。回访时间一般应在维修后一星期之内进行。如安全设施维修2天内回访;漏水项目维修3天内回访。每家物业公司都会有相应的规定。现列举某物业公司对维修回访时间的安排,供参考。
① 对危及业户生命、财产安全,情况比较严重的,如出现天花板表皮脱落,墙裂缝严

重，灯罩松动，橱柜松动、倾斜，电器外壳带电等问题，应立即进行处理解决。处理后，一周内回访一次，并视情节轻重，必要时采取不断跟踪回访。

② 房内墙角、天花板出现渗水现象，接到通知后马上到现场查明原因，在2日内给予判断、处理、解决，维修后第二天回访一次；如是雨水造成的，在下雨后马上进行回访一次。

③ 洗菜盆、洗脸盆、抽水马桶或其他管道堵塞或漏水的，当日予以解决，次日回访。

④ 电视机、录像机、电冰箱、电烤箱等家电出现问题的，当天予以检查；属简单维修的，如插头断了或接触不良需修理的，在维修后的次日回访一次。

⑤ 业户的电视收视效果差时，应马上与有关单位联系，2日内予以解决，次日回访。

⑥ 业户房内墙出现裂缝，但无危及生命或影响正常生活，可与有关单位联系，3日内予以解决，5日内回访一次，1个月内回访第二次。

（三）回访问题的处理

一般而言，对回访中发现的问题，应在24小时内书面通知维修（服务）人员进行整改。

（四）回访用表单

在回访工作管理中，有许多记录与表格一定要做好填好，以便责任明确，也便于进行统计分析，找出物业维修管理工作中的缺点，寻求最适解决措施，以提升工作效率。常用回访用表单见表4-30和表4-31。

表4-30 月度回访清单

日期：_____年___月___日

序号	回访表格编号	回访日期	业户房号	业户名称	回访事项	回访人	回访结果	备注

审核：　　　　　　　　　　　　　　　　　　　　　制表：

表4-31 回访业户记录

部门：　　　　　　　　　　　　　　　　　　　　日期：_____年___月___日

栋号、房号		回访人		回访形式	
回访事由					
回访记录	业户签名：　　　　　　　　回访人签名： 　　　　　　　　　　　　　　日期：_____年___月___日				
主任意见	签名：　　　　　　　　　　　日期：_____年___月___日				

第六节 社区文化建设

社区文化是指一定区域、一定条件下社区成员共同创造的精神财富及其物质形态。社区文化建设得好常常会使一个物业升值,因而,现在的物业管理工作中越来越重视社区文化的建设,作为物业公司必须知道如何去规划、组织社区活动的开展。

一、社区文化建设规划

(一)设置组织机构

物业公司可以考虑在物业公司内部设置一个专门的工作部门——社区文化部来负责社区文化的建设,对这一机构可明确其职责主要为负责策划、组织、实施系列有针对性的文化活动,有时也承担新闻宣传、文体活动场所和设施的管理维修等工作。这个部门通常应配备宣传、文艺、体育、美工和文秘等专门人员。

(二)配备活动人员

1. 常设机构

如果将社区文化部作为常设机构,则人员配备应根据物业管理区域规模、业主、用户需求等实际情况而定,通常可固定1～3名;其他按需要可聘请几名业余兼职人员,最好是本社区业主、用户或居委会中的热心人士。

2. 兼职机构

如果所管物业项目的规模不大,则设一个兼职机构就可以了。兼职机构除了固定1～3名兼职人员外,也可以聘请几名本社区业主、用户或居委会中的热心人士业余兼职。

(三)确立主体对象

对社区文化的主体对象,物业公司也要在调查分析的基础上确定下来,这样才能使社区文化产生积极的影响。就住宅小区而言,社区文化活动的参与主体应考虑以家庭为主,尤其应以老人和少儿为主。其他年龄段的业主、用户多半忙于工作或其他事务,只有老人与少儿才是社区文化的最坚定的参加者和追捧者。

二、社区文化建设要点

社区文化不可能离开一定的形态而存在,这种形态既可以是物质的、精神的,也可以是物质与精神的结合。具体来说,社区文化可以包括环境文化、行为文化、制度文化和精神文化四个方面的内容。因而,社区文化的建设也主要从这四个方面着手。

(一)环境文化建设

社区环境是社区的脸面,是社区文化的物的依托,最直接、最明显地体现社区文化的精髓。环境文化建设可先设立目标,落实组织机构与管理制度、主要措施和激励机制,然后分步骤组织实施。具体见表4-32。

表4-32　环境文化建设步骤和要点

序号	步骤	具体内容和要求
1	制订目标	小区文明洁净、环境质量良好、合理利用资源、生态良性循环、基础设施健全。形成环保意识，建立绿色社区
2	确立组织机构与制定管理制度	可设立环境管理的专门部门。确定专人负责，拟订制度并及时监督。邀请业主、用户代表组成环保小组，进行义务监督；发现问题时，及时处理、定期公布环境公告
3	落实主要措施	（1）排水管道可实行雨污分流；拟建生活污水处理装置；家庭污水进入污水管网；食物垃圾粉碎后从下水道排走 （2）垃圾分类袋装和资源化回收、无害化处理，与当前的循环经济相联系 （3）垂直绿化和立体绿化 （4）对噪声进行监测和管制、加强空气污染控制等
4	建立激励机制	（1）宣传、倡导环保，循环经济从自身做起 （2）每季度组织业主、用户开展一次环保活动 （3）每个月举办一次环保讲座，出一次专刊 （4）每年度进行一次环保评比奖励 （5）开展如"树木领养""拥有一片家园"等活动，激发业主、用户共同关心环境的潜在热情 （6）形成节约资源、能源的良好习惯，倡导业户尽可能重复使用环保制品。引导小区内市场、商场使用环保包装材料 （7）与环保部门联系，解决小区环保购物袋来源等
5	拟订小区环境手册	对小区的标志系统、办公系统、制服系统、公共设施系统、本体外观系统等进行全面的、统一的设计。真正做到和谐统一、有章可循，避免盲目散乱和视觉污染
6	传播、交流人文理想	从而可以确定小区区花、吉祥物，形成个性化的识别体系
7	开展认证工作	开展ISO 14001环境管理体系认证。保证环境的高度整洁与和谐。通过优美的环境，培养业主、用户的自律意识，养成爱护环境、关心家园的良好习惯

（二）行为文化建设

行为文化建设的内涵是指在小区开展丰富多彩、行之有效的社区文化活动。其具体活动内容可以说是包罗万象，具体做法如图4-15所示。

做法一	举办文化娱乐活动，如一年一度的小区艺术节、各种形式的歌咏会、舞会、音乐会、趣味游戏、棋类、牌类活动等
做法二	举办体育健身活动，如一年一度的小区体育运动会、各种形式的球类活动、武术、气功等
做法三	举办各种形式的聚会，如股市沙龙、音乐沙龙、书画沙龙、电脑爱好者沙龙等
做法四	组织老年人集体郊游、医疗咨询、膳食调理讲座
做法五	举办小朋友乐于参加的生日、节日活动

图4-15　行为文化建设的做法

（三）制度文化建设

社区文化活动要有效、持续地开展，要达到既定目标，就必须建立健全各项制度，建立组织机构，制定管理规章。制度文化建设的内涵包括如图4-16所示的内容。

- 内涵一：制定文化手册。通过该手册对社区文化形成的思想和行为进行引导及约束
- 内涵二：设立社区文化部。社区文化部专职组织开展社区内的各种文化活动。在引导、扶植自发活动的基础上，形成各种有序的组织，如足球队、篮球队、秧歌队、合唱队、象棋小组等
- 内涵三：开放图书馆、科技馆，建立相应的阅览制度、竞赛评比制度
- 内涵四：设家政班、书画班、电脑班、插花班、茶艺班等，提高业主、用户文化素质
- 内涵五：制订计划，组织各项文化活动
- 内涵六：对各种社区文化活动加以制度规范，包括时间、地点、内容、方式、程序等，保证文化活动朝着积极、健康、有益的方向发展

图4-16 制度文化建设的内涵

（四）精神文化建设要点

精神文化是社区文化建设的核心，是小区业主、用户人生观、价值观、道德观等形成的重要途径。精神文化建设要点如图4-17所示。

- 要点一：制定社区精神文明公约，并与各位业主、用户签约。以此为鉴，提高小区住户的文明水准、规范小区住户的行为
- 要点二：利用各种纪念节日，灌输精神文化内涵。如入住仪式、三八妇女联欢、五四青年义工服务、六一儿童爱家园书画大赛、七一建党纪念升旗仪式、八一为子弟兵做好事、十一爱国主义征文等
- 要点三：开展各种形式的讲座、演讲，树立新型文化观。如"扫除黄毒赌、爱我美屋村""学雷锋、学丛飞""说小事"等
- 要点四：开展评比活动，进行激励。如"十佳住户""十佳少年"等，树立典型和先进人物
- 要点五：开展各种形式的培训，提高居民素质、净化心灵
- 要点六：组织播放爱国主义、集体主义主旋律影片、录像；办墙报、宣传栏、小报等进行宣传教育；举办"村歌大家唱""村花村树知识竞赛"等活动
- 要点七：举行升旗仪式、表彰仪式等
- 要点八：办好墙报、宣传栏、读报栏及小区月报
- 要点九：举办各种主题研讨会，围绕传统文化和现代科学加以讨论

图4-17 精神文化建设要点

三、社区文化活动策划与组织

（一）社区活动策划应考虑的要素

在策划社区文化活动时一定要充分考虑到表4-33所提到的各项要素。

表4-33 社区活动策划应考虑的要素

序号	要素	具体要求
1	硬件要素	充分利用会所、中心花园等已有的硬件设施，通过对服务类别进行划分，如设立业主娱乐活动中心、图书馆、健身房、儿童娱乐场等
2	组织要素	通过物业公司与各小区管理处相互配合，实现社区文化活动有着连贯的开展
3	时效要素	在策划社区文化活动时，一定要充分结合当时的季节、节日、特殊纪念日。从而制定出有意义、有特色的文化活动
4	成本要素	只有控制好成本，社区的文化活动才能持续地进行下去，这就需要组织者考虑以下要素 （1）方案合理 （2）尽可能利用现有资源 （3）多设置参与性的活动 （4）强化收费活动开展（自费旅游等）

（二）社区文化活动控制要点

社区文化活动控制可以从表4-34所提到的几个方面着手。

表4-34 社区文化活动控制要点

序号	要点	具体原因与要求
1	参与性控制	在社区文化活动的策划和组织上，应考虑尽可能增加业主、用户的参与性。如果组织的活动不符合业主、用户的兴趣，参与的人很少，就失去了活动的意义。所以，活动的组织应以业主、用户为参与主体，这样可以充分调动业主、用户参与活动的积极性
2	娱乐性控制	对于业主来说，活动的举行并不需要有多大的政治意义，轻松愉悦的感官享受才是参与的目的。因而，在策划和组织活动时无需与时事结合起来，只需健康、雅俗共赏、娱乐性强、参与性强
3	常规化发展	在一个小区的社区文化活动组织中，要将一些活动固定为习俗。这样才能给业主、用户和潜在的消费者一个印象：小区的社区文化活动是丰富多彩、永不落幕的。这样可增强社区品牌的凝聚力
4	节假期组织	在一些大的节庆期和长假期中，如春节、五一、暑假、国庆等，会有一些不常住的业主回来度假。因此，在这些期间应组织一些活动，以丰富业主们的假期生活；以少儿为主的暑期活动，还可以为家长们解除后顾之忧
5	社团联动	将在某方面具有一定特长的业主、用户组织起来，可组成社区的某种社团（如艺术团、合唱团、足球队、篮球队、乒乓球队、英语沙龙等），定期举行演出、交流或比赛。这样可以提高业主、用户参与社区文化活动的积极性，使活动的组织更加容易
6	报刊联动	办区内报纸是一种有效加强沟通的方式。但报纸的立场应站在一个中立的角度上，应该反映业主的呼声、要求，满足业主想了解的问题。从而使其成为真正的沟通桥梁

四、社区文化活动开展

（一）活动开展形式

社区活动可采取的形式如下。

① 物业公司可依托丰富的社会资源，来对各方面的客户资源进行整合利用。如与专业旅行社合作夏令营、特色旅游；与美容机构合作举办女性护肤养肤知识讲座；与健身机构合办健身训练等。

② 对于某些在专业上无法直接合作的单位，可邀请其以赞助、协办的形式参与社区活动，以补充社区文化建设经费。

（二）活动开展要求

1. 老少结合

老少结合是指社区文化活动应该抓住老人与儿童这两个大的群体，带动中、青年人参与社区文化活动。具体原因如图4-18所示。

原因一	社区成员中老人与儿童所占比例较大。在很多住宅小区，其比例占总人口的一半以上。因此这一群体自然应受到关注和重视
原因二	参与社区文化活动必须有充裕的时间。现代都市节奏加快，迫于竞争压力和生存需求，中、青年人的大部分时间都用于工作和围绕工作所进行的学习、交往上，从而没有太多时间和精力参与社区文化活动；相反，老人和儿童时间宽裕。特别是老人，除了日常家务之外，有充足的时间参与社区活动
原因三	参与社区文化活动必须有强烈的需求。中、青年人当然也有，但他们被繁杂的事务所限制，因此需求成了深层次的期盼；而老人和儿童的需求是直接的、显在的，只要有环境，就可以实现
原因四	社区是老人和儿童实现文化需求的最主要的场所。因为他们的文化更具有区域性，因而对区域的关注和依赖远胜过中、青年人。中、青年人更多的是参与区域外的文化活动，音乐厅、舞厅、咖啡屋等可能是其主要活动场所

图4-18 老少结合的原因

2. 大小结合

"大"是指大型的社区文化活动，需精心策划与组织，参与人数众多、影响面广。如体育节、艺术节、文艺汇演、入住仪式、社区周年庆等；"小"是指小型的社区文化活动，那些常规的，每日、每周都可能开展的，又有一定组织安排的社区文化活动，如每日的晨练、休闲、娱乐等。而大小活动要合理搭配、合理安排。其具体要求如图4-19所示。

3. 雅俗共赏

所谓雅俗共赏是指社区文化活动应当注重社区成员不同层面的需求，高雅与通俗同在、崇高与优美并存。通俗的活动如家庭卡拉OK比赛、迪斯科表演、秧歌、腰鼓；高雅的活动如举办交响音乐会、旅游、书画珍藏品展、国际编队舞等。

要求一	大型活动不能没有，也不能过频。一般大型活动以2～3个月一次为宜
要求二	小型活动要经常性开展，而且面可以广一些。琴棋书画、天文地理、娱乐游戏、吹拉弹唱等都可以形成兴趣小组
要求三	小型活动的组织要充分利用现有资源，尽可能地节约开支，并且注意不要形成噪声扰民、负担过重的情况

图4-19 大小结合的具体要求

4. 远近结合

"远"是指组织开展社区文化活动要有超前的意识、要有发展的眼光、要有整体的目标；"近"是指要有短期周密的安排、落实和检查。

（三）社区文化活动开展中的问题及解决方法

社区文化活动开展中总有各种各样的问题出现。因此对这些问题最好能事先预见，并预先考虑好解决方法。表4-35列举的是社区文化活动开展中常见问题及解决方法。

表4-35 社区文化活动开展中常见问题及解决方法

序号	问题	表现形式	解决办法
1	单纯接受多，双向交流少	组织者往往以包办者的姿态组织、控制整个活动过程；参与的业主、用户仅仅是被动地接受，缺乏反馈与交流细节	在小区内组织一支文化活动骨干队伍，在开展活动前以问卷调查或随机抽样的方式开展活动内容意愿征询。在每个活动结束后，除必须做好活动效果记录外，还可以座谈会等形式征求业主、用户对活动内容、组织、方式等的看法与想法
2	个体活动多，群体参与少	活动缺少让业主、用户广泛参与的基础，即选择的活动内容仅使少部分业主、用户有兴趣、有能力参与。从而使得活动无法广泛、深入、持久地开展，无法形成良好的规模效应	在组织活动时除开展必要的"阳春白雪"活动以提高小区业主、用户的综合素质外，还应开展一些有着深厚群众基础的活动，让广大业主、用户有兴趣、有能力参与。同时，还可组织一部分业主、用户培训，从而培养他们的兴趣与能力
3	被动欣赏多，主动创造少	文化活动以"外来主持"为主，业主、用户仅停留在被动欣赏层面。其主观能动性无法有效调动，从而使得活动无法形成特色	组织者应尽可能挖掘业主、用户中间的能人参与组织活动，如文艺工作者、体育工作者、文体活动爱好者、文化活动热心人等。让他们出主意、想办法，让他们登台献技、献艺。这样，社区文化活动就有了广泛的群众基础，业主、用户的主观能动性就会有效地调动起来，形成小区特有的特色

第七节 管理费收缴与管理

物业管理费的收缴是一个比较敏感的问题，近两年来经常会出现一些业主拒交管理费的事件发生。而管理费若收缴不来则严重影响物业公司的运作，所以，物业公司必须掌握这方面的相关知识及管理程序、措施。

一、了解物业管理费的构成

物业管理费是指物业管理公司按照物业服务合同约定，对房屋及配套的设施设备和相关场地进行维护、养护、管理，维护相关区域内的环境卫生和秩序，而向业主所收取的费用。物业管理费一般由以下一些项目构成。

① 公共物业及配套设施的维护保养费用，包括外墙、楼梯、步行廊、升降梯（扶梯）、中央空调系统、消防系统、保安系统、电视音响系统、电话系统、配电器系统、给排水系统及其他机械、设备、机器装置及设施等。
② 聘用管理人员的支出，包括工资、津贴、福利、保险、服装费用等。
③ 公用水电的支出，如公共照明、喷泉、草地淋水等。
④ 购买或租赁必需的机械及器材的支出。
⑤ 物业财产保险（火险、灾害险等）及各种责任保险的支出。
⑥ 垃圾清理、水池清洗及消毒灭虫的费用。
⑦ 清洁公共地方及幕墙、墙面的费用。
⑧ 公共区域植花、种草及其养护费用。
⑨ 更新储备金，即物业配套设施的更新费用。
⑩ 聘请律师、会计师等专业人士的费用。
⑪ 节日装饰的费用。
⑫ 行政办公支出，包括文具、办公用品等杂项以及公共关系费用。
⑬ 公共电视接收系统及维护费用。
⑭ 其他为管理而发生的合理支出。

二、物业管理费的确定要点

物业公司可根据物业管理中产生的费用，从而确定收费的项目，并明确其使用范围。这是做好收费管理的基础。确定合适的收费标准并不是一件容易的事，具体可通过表4-36所列举的几种途径来确定。

表4-36 物业管理费的确定途径

序号	途径	操作办法
1	政府部门审定	物业管理中的重要收费项目和标准，由房地产主管部门会同物价管理部门审定，通过颁发法规或文件予以公布实施。如售房单位和购房人交纳住宅维修基金、物业管理费及建设施工单位提交保修费等重要项目，由房地产主管部门提出标准，并经物价管理部门核定后执行
2	会同业主商定	物业管理是由业主委托的契约行为，因而有的收费标准不必由政府部门包揽，而可由物业公司将预算提交业主管理委员会讨论、审核，经表决通过之后，就是合理的收费标准。此时，物业公司应及时拟订一份物业管理费标准审议会议的决议，一同印发给每位业主（用户），并且从通过之日起按这一标准执行。物业公司在每次新的费用标准通过之后，只要将每一费用项目的标准一次性向业主公布，而在以后每月发放收费通知单时，只需通知费用总额即可
3	委托双方议定	对于专项和特约服务的收费，诸如维修家电、接送孩子、代送牛奶，清扫保洁等项目，可由委托人与物业公司双方议定。根据提供服务的要求、按不同的管理水平，从而确定不同的收费标准。这由用户与物业公司单位自行商定

三、物业管理费的收缴和追讨

(一) 顺利收缴管理费的措施

为了使物业管理费能够顺利收缴上来,物业公司应该采取一些积极的措施,如将物业管理收费公示、在入住之初与业主签合同、获得业主委员会的协助、每月进行财务公开等。

1. 将物业管理收费公示

物业管理收费公示是为了让业主、住户们充分了解物业收费项目、服务内容及计费方式,增加透明度。其具体做法见表4-37。

表4-37 物业管理服务收费公示栏

收费单位:　　　　　　　　　　管理处负责人:
价格投诉电话:　　　　　住宅局投诉电话:　　　　　管理处联系电话:

收费项目	服务内容	实际收费标准计费方式		收费依据	价格管理形式
物业服务收费	物业管理单位接受物业产权人、使用人委托对房屋建筑及其设备、公共设施、绿化、卫生、道路、治安和环境容貌等项目开展日常维修、修缮、整治服务	××山庄	每平方米____元/月		政府指导价
		××多层	每平方米____元/月		
		××小高层	每平方米____元/月		
本体维基金	房屋的外墙、楼梯间、通道、屋面、上下水道、公共水池、加压水泵、电梯、机电设备和消防设备等本体公用设施的养护和维修改造工程项目	××多层	每平方米____元/月		政府指导价
		××电梯小高层	每平方米____元/月		
水费(包括排污费)	代收	××山庄	____元/每立方		政府定价
		××花园	____元/每立方		
加压排污费	××花园、××山庄需加压供水	××山庄	____元/每立方		政府指导价
		××花园	____元/每立方		
电费	已抄表到户,供电局直接收取	××山庄	____元/度		政府定价
	代收	××花园	____元/度		
停车费	提供车辆停放服务,不承担保管责任	月卡车	____元/月		政府指导价
		停时车	24小时内/____元		
装修保证金及装修垃圾清运费	装修保证金收取时间不超过三个月,验收合格后退还	施工队	____元/户		政府定价
装修垃圾清运费	清运装修户的装修垃圾	业主	____元/户		政府指导价
装修工人证件工本费	对装修人员出入实行持证管理,办证工本费用	5元/证			政府指导价

注:1.服务标准见物业管理公司服务承诺。
2.收费对象是服务项目对应的业主(租户)。
3.未经公示的项目不得收费,本公示之外的其他市场调节价项目另行明码标价。

2. 入住之初与业主、住户签约

在管理公约中约定管理公司对长期不缴费用户可采取的措施，如可停止服务等。在业主、住户入住之初一定要与其签约，最好是办好银行委托手续。

3. 争取业主委员会的支持

加强与业主委员会的沟通与联系，争取得到业主委员会的支持。业主委员会劝导业主比较有说服力。

4. 做好宣传教育

在用户中树立正确的缴费意识，物业公司收取管理费是为保证物业内的正常运作和正常秩序，是为了全体业主的共同利益。

5. 实行财务公开

实行财务公开，用户明白管理费去向后，相对愿意缴纳管理费。

（二）制定收缴程序

收费通知单每月要及时送达业主（或用户）的手中，并由业主（或用户）签收，其程序如图4-20所示。

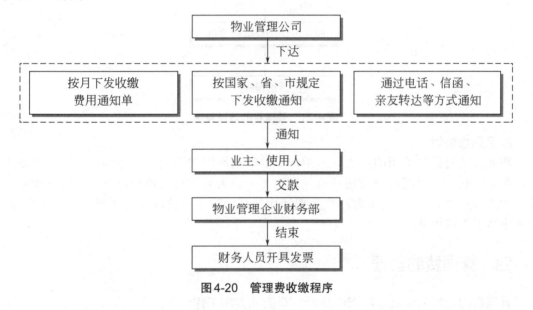

图4-20 管理费收缴程序

（三）明确管理费的追讨程序

当发生费用拖欠情况时，应采取措施加以追讨，主要的方法如下。

1. 一般性追讨

当上月费用被拖欠时，物业公司在第二个月向业主（或用户）发催款通知单。此单将上月费用连同滞纳金以及本月费用一起通知业主（或用户），并经常以电话催缴，而通电话时要注意文明礼貌。如果第二个月仍被拖欠，物业公司将在第三个月第二次发催款通知单，即将此前两个月的费用、滞纳金和当月费用一并通知，并限期三天内缴清；三天过后物业公司将根据管理公约停止对其服务（停止水、电供应等）。如果业主（或用户）经收费员上门催缴仍然拒付，物业公司可根据管理制度以及相应的法律程序处理。物业公司可将这些条款写进管理公约中，依照法律程序执行（图4-21）。

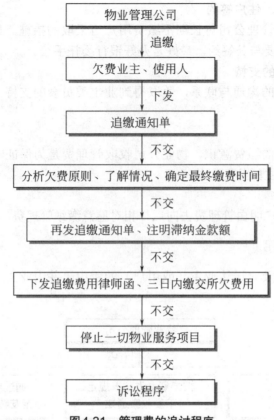

图4-21 管理费的追讨程序

2. 区别性追讨

物业公司对拖欠费用的业主（或用户）要根据不同的情况采取不同措施。对于费用大户，要亲自登门（有时物业公司的总经理也要亲自去）进行解释和劝导，争取其理解和支持；对于一些"钉子户"，则要严格按照法律执行；对于一些确实有困难的"难点户"，可以考虑适当予以优惠。

四、管理费的管理

管理费的管理主要是做好表4-38所列举的几方面工作。

表4-38 管理费的管理要求

序号	管理工作	管理要求
1	管理费的预决算	（1）每年年底或年初，应按照国家的政策法规和"量出为入、合理节约"的原则，并按照单项预算编制方法来制订下年度的小区或办公楼的管理费用预算，以确保所管物业正常运行的费用需要 （2）每年年末要做好当年度的管理费用决算，提出决算报告报业委会审批，并接受审计
2	各类收支的日常管理	（1）要按每户业户分别设立收费台账，以确保各项费用应收、实收、预收或欠费的每笔记录清楚、准确、完整，便于查询 （2）要在预算的范围内合理安排好每月的开支，做到平衡支出。各类费用的支出要符合国家的有关法规和财经规定，做到不乱花业户的一分钱，年终确保收支平衡

续表

序号	管理工作	管理要求
3	公共能耗等代收代交费用的管理	(1) 要根据所管大厦或小区的特点,尽量合理、公平、科学地与业委会一起制定公共能耗费分摊方案,并报业主大会审定 (2) 要设立代收代交费用明细台账或记入收费台账,做好每笔费用的记录工作
4	维修基金的收支管理	如商品房居住小区、办公楼管理费已包含维修费用的,一般不涉及维修基金。如已执行市《住宅维修基金管理办法》,则应按规定对维修基金的筹集、使用、分摊、管理方式、实际操作等作出细化规定,做到专户存储,即做到每户收、支、余账目清楚,并按规定每半年公布一次
5	各类财、物的管理	要做好固定资产和低值易耗品的实物和实物账管理,以及仓库材料的收、发、存管理,做到账物相符

第八节　业户投诉处理

投诉是指业户因对物业公司的服务提出需求或不满等,通过各种方式向有关部门反映的行为。其方式包括来电、来访、来函、其他(如登报)等。接到业户投诉,物业公司应认真分析原因,并妥善处理,同时,应建立投诉处理制度,对所有物业工作人员加以培训,使每个工作人员面对投诉时知道怎么去处理。

一、业户投诉内容分析

(一) 对设备设施方面的投诉

对设备设施方面的投诉主要包括以下内容。

① 业户对设备设施设计不合理或遗漏及质量感到不满。如电梯间狭窄、楼梯拥挤、没有货梯、客货混运;房屋漏水、墙体破裂、地板起鼓等。

② 对设备运行质量不满意。如空调供冷不足;电梯经常停梯维修;供电、供水设备经常出现故障等。

产生以上投诉内容的原因主要在于业户所"购买"使用的物业与业户期望有差距。业户使用物业、支付物业管理费,总是希望物业能处于最佳使用状态,并感觉方便舒心。但物业在设计开发时,可能未考虑到或未完全按照业户的需要来设计,设备的选型和施工质量也存在这样那样的问题,因而造成上述的种种不便。

(二) 对服务方面的投诉

业户对物业质量的评价来自七个方面。
① 安全　业户的财产和人身安全是否能得到切实保障。
② 一致　物业服务达到了规范化、标准化,具有可靠性。
③ 态度　物业管理人员礼貌得体,讲话热情和蔼等。
④ 完整　物业服务项目完善齐全,能满足不同层次业户的需要。
⑤ 环境　办公和居住环境安静,人文气氛文明和谐等。

⑥ 方便　服务时间和服务地点方便，有便利的配套服务项目，如停车场、会所、自行车棚、邮局、托儿所等。

⑦ 时间　服务时间和服务时效及时快捷等。

当业户对这些服务质量基本要素的评价低于其期望值时，就会因不满而投诉。

(三) 对收费方面的投诉

收费方面的投诉主要是各种分摊费和特约维修费。如水、电、清洁、绿化、公共设备抢修等分摊费用及换灯、换锁、换门等特约维修费用。

(四) 对突发事件方面的投诉

因停电、停水、电梯困人、溢水及室内被盗、车辆丢失等突然事故而造成的偶然性投诉。

二、投诉的常规处理程序与方法

(一) 投诉处理的程序

对于投诉的处理，物业公司宜建立一个投诉处理程序，如图4-22所示，为业户，也为内部员工建立一个通畅的渠道。

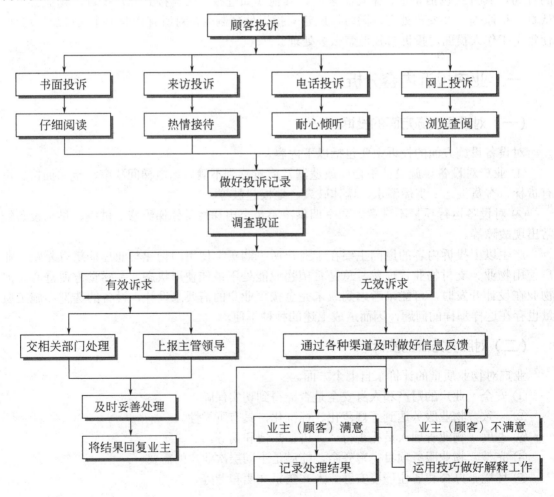

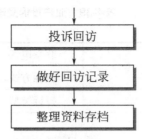

图4-22 投诉处理程序图

(二)处理投诉的要求

处理投诉时应满足如图4-23所示的要求。

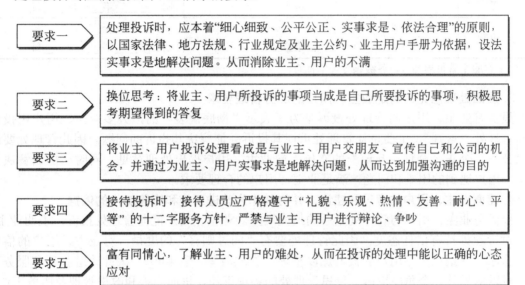

图4-23 处理投诉的要求

业主、用户投诉,说明工作尚有漏洞,说明业主、用户的某些要求尚未被重视。每个人都应理解业主、用户的心情,努力识别及满足他们的真正需求,并满怀诚意地帮助业主、用户解决问题。只有这样,才能赢得业主、用户的信任与好感,才能有助于问题的解决。

(三)常规应对方法

处理业主、用户投诉一般采取以下几种方法。

1. 耐心听取并记录投诉,不当面反驳业主、用户的意见

业主、用户前来投诉,是对管理处某些方面的服务或管理有了不满或意见、心中有怨气。因此物业管理人员要耐心听取业主、用户"诉苦"并进行记录(表4-39),使业主、用户感觉到物业管理人员虚心诚恳的态度,从而随着诉说的结束其怨气也会逐渐消除。

2. 对业主、用户的遭遇或不幸表示歉意或同情,让业主、用户的心理得以平衡

业主、用户投诉的问题无论大小轻重,物业管理员都要认真对待和重视,要采取"换位"的思维方式。即设身处地地站在业主、用户的立场上思考问题,对其所遭遇到的麻烦和不幸给予理解和安慰,拉近与业主、用户的心理距离,并表示要立即采取改善措施。这样一般会让业主、用户感到满意的。

表4-39 业户投诉受理登记表

No：

业户姓名		联系电话		□业户保密
业户地址		投诉方式		□面谈 □电话 □信函 □其他
投诉时间		投诉类型		□有效 □无效
投诉内容		记录人：		日期：____年___月___日
处理过程描述		记录人：		日期：____年___月___日
回访情况		回访人：		日期：____年___月___日
领导审阅		领导签名：		日期：____年___月___日

注：客服主管每周抽查，各级领导每季抽查。

3. 提出处理意见，满足业主、用户的部分合理要求

很少有业主、用户向管理处投诉是为了表示"彻底决裂"的，大多业主、用户用投诉来与管理处"谈判"，主要是让管理处重视其投诉并能解决其投诉的问题。因此管理处要站在"公平、公正、合理、互谅"的立场上向业主、用户提出处理意见；同时，协调解决好业主、用户遇到的困难和问题，满足业主、用户的合理要求。

4. 感谢业主、用户的意见和建议，并将其作为改进工作和完善工作的依据

投诉是业主、用户与管理处矛盾的最大屏障。业主、用户能向管理处投诉，表明业主、用户对管理处持有信任态度。因此管理处要有"闻过则喜"的度量，对业主、用户的信任表示感谢，并把业主、用户的投诉加以整理分类成清单（表4-40）。因此改进管理和服务工作，可以从另外一个角度检讨、反思管理处的各项工作，进而完善和改进管理及服务工作。

表4-40 用户投诉处理清单

日期：____年___月___日

序号	投诉记录表编号	投诉日期	用户房号	投诉人	投诉事项	管理部记录人	处理部门	处理人	处理日期	处理结果

审核： 制表：

三、预防、减少投诉的发生

（一）完善制度

不断建立和完善各项管理和服务制度，并严格按工作规程和规范开展工作，这是减少投诉的关键环节。

（二）强化沟通

加强与业户的联系与沟通，经常把有关的规定和要求通过各种渠道传达给业户，使业户理解、支持和配合，这是减少投诉的重要条件。

① 应积极通过联谊等形式，开展社区文化建设，促进与业主的交流。从而可以消除与业主之间的感情隔阂，使业主对物业管理公司有一定信任度。

② 可通过公告栏、信箱、简讯、走访、业主大会等形式，宣传物业管理中的规定和要求，从而使业户理解和支持管理公司的工作。

③ 物业管理公司应采取问卷调查、回访等主动的信息沟通方式，了解业户需求解决业户困难。从而减少业户的消极投诉。

（三）加强培训

物业公司应利用各种形式加强对物业从业人员的培训，提高员工的服务意识、服务技能以及预见能力，这是减少投诉的保证。

物业管理服务的过程往往是"生产"与"消费"同步完成的。因此，每位员工的服务都有一定的不可补救性，业户对某位员工的恶劣态度所产生的坏影响，会延及整个管理公司。所以减少投诉应加强员工培训，不仅培养员工使用规范用语、进行规范操作的能力，还要培训员工的灵活服务技巧和应变能力，更要加强员工的服务意识和职业道德教育，并配以奖惩机制，从而督促、激励员工提供优质服务。

（四）及时控制

加大巡视检查力度，及时发现和解决问题，把事态控制在萌芽状态。这是减少投诉的根本。因此加强日常管理、防患于未然、通过巡视检查等手段，可以尽量减少事故发生；加强管理中的各个环节、杜绝管理中的漏洞，从而使管理趋于"零缺点"或"无缺陷"的尽善尽美状态。

（五）提供更优秀的服务

不断适应社会的发展、寻找新的服务方式和方法是减少投诉的前提。即使业户对物业管理公司当前的服务"非常满意"，也并不意味着管理公司可以停滞不前。因而如果物业管理公司不进行创新，即使保持持久的服务优势和质量，还是会招致业户的不满。因此物业管理公司应注重研究业户的潜在需要，并具超前的思维创新，从而提供更完善的管理和更便利的服务，才能获得业户的满意和支持，减少投诉的发生。

四、提升业户投诉处理效率

为使业户的投诉能及时得到处理，同时为避免各部门互相推诿，真正地负起责任来，物业公司应该重视投诉处理制度的建设，使投诉处理程序明晰、责任明确。以下从业户投诉处理及内部工作的角度来介绍两个制度。

（一）业户投诉处理程序

业户投诉处理程序要将客户投诉的形式和类型区分来，将投诉受理直处理完毕的时间要求、程序及相关人员规定下来。

（二）投诉处理内部工作程序

如果说业户投诉处理更多的是面对业主、用户，而这一程序则主要是公司内部的处理时间、权责及处罚规定。这一制度很重要，可以有效提高内部处理的效率，并且促使大家去分析原因、改善工作。

第九节　保洁管理

一、保洁管理的范围

物业公司要做好保洁的管理工作，首先必须对物业保洁管理的范围有一个全面的了解，不同的物业，可能保洁的范围不一样，但总体而言，包括以下几个方面。

（一）公共场所保洁管理

公共场所保洁管理包括以下三个方面，见表4-41。

表4-41　公共场所保洁管理

序号	范围	主要内容
1	室内公共场所的清洁和保养	主要是指围绕办公楼、宾馆、商场、居民住宅楼等楼宇内开展的物业保洁，包括楼内大堂、楼道、大厅等地方的卫生清扫、地面清洁、地毯清洗；门、玻璃、墙裙、立柱等物品的擦拭；卫生间清扫与清洁
2	室外公共场所的清扫和维护	室外公共场所主要有道路、花坛、绿地、停车场地、建筑小品、公共健身器材等。重点应做好地面清扫、绿地维护、建筑小品维护和清洁等
3	楼宇外墙的清洁和保养	主要是指楼宇的外墙清洁和墙面的保养，以及雨篷等楼宇的附属设施维护

（二）生活垃圾管理

1. 生活垃圾的收集和清运

物业公司应熟悉物业管辖范围内居住人员情况和管辖区域物业的用途，并据此来确定垃圾产生量，从而确定收集设施的规模；合理布设垃圾收集设施的位置，包括垃圾桶、垃圾袋、垃圾箱等；制订日常的清运计划和时间安排。

2. 装修建筑垃圾的收集和清运

随着城市居住面积大幅度增加，装修带来的建筑垃圾问题日益凸现。因为建筑垃圾产生量大、品种相对稳定、不宜降解。如果建筑垃圾混杂在普通生活垃圾中，会降低生活垃圾的热值，从而使生活垃圾难于采用焚烧处置或占用卫生填埋场地，增加了生活垃圾处理的难度。因此，对于装修产生的建筑垃圾，应要求单独收集和清运，并可采取综合利用的办法进行处置。

3. 垃圾收集设施的维护和保养

近年来，垃圾收集设施品种和规格不断增加；垃圾场中转设施更加完善；各种形状、规格的垃圾箱、果皮箱逐渐取代了传统的大型铁皮垃圾箱，因此应根据垃圾收集设施的特点，安排人员经常性地对其进行维护和保养。

（三）公共场所卫生防疫管理

1. 公共场所传染病控制

公共场所包括旅店、文化娱乐场所、公共浴池、图书馆、博物馆、医院候诊室、公交汽车、火车等。就目前物业管理范围而言，重点涉及的是宾馆、商场、办公楼等公共场所的消毒问题。

2. 公共场所杀虫、灭鼠

公共场所有许多病媒昆虫、动物，它们容易在人群居住地区传播疾病，尤其是苍蝇、老鼠、蚊子、臭虫"四害"以及蟑螂、蚂蚁等。

二、做好保洁管理规划

（一）保洁管理机构设置及职责划分

保洁管理由物业公司管理部或保洁部具体实施。保洁部一般设部门经理（保洁主管）、技术员、仓库（保洁设备、工具与物料）保管员和保洁员等。其下属班组可以根据所辖物业的规模、类型、布局以及清洁对象的不同而灵活设置。

规模较大的物业管理公司其保洁部可以下设楼宇清洁服务班、高空外墙清洁班和公共区域清洁班等班组、各班组设保洁领班和若干经过专业培训的保洁员。然后，从所辖物业和服务对象的实际情况出发，建立起部门、班组、人员的岗位规范、工作流程、服务标准和奖惩办法，从而做到保洁管理规范化、标准化、制度化。

（二）配备必要的硬件设施

为了增强清扫保洁工作的有效性，物业管理公司还应配备与其有关的必要的硬件设施，如在每家每户门前安置一个相对固定的定制的ABS塑料垃圾桶。

（三）做好保洁计划安排

物业管理公司应制定出清扫保洁工作每日、每周、每月、每季直至每年的计划安排，见表4-42。

表4-42　清扫保洁工作计划

序号	周期	清洁工作内容
1	每日	（1）辖区（楼）内道路清扫两次，整天保洁 （2）辖区（楼）内绿化带，如草地、花木灌丛、建筑小品等处清扫一次 （3）楼宇电梯间地板拖洗两次，四周护板清抹一次 （4）楼宇各层楼梯及走廊清扫一次，楼梯扶手清抹一次 （5）收集每户产生的生活垃圾及倾倒垃圾箱内的垃圾，并负责清运至指定地点
2	每周	（1）楼宇各层公共走廊拖洗一次（主要指高层楼宇，可一天拖数层，一周内保证全部拖洗一遍） （2）业户信箱清拭一次 （3）天台（包括裙房、车棚）、天井和沟渠清扫一次

续表

序号	周期	清洁工作内容
3	每月	(1) 天花板尘灰和蜘蛛网清除一次 (2) 各层走道公用玻璃窗擦拭一次（每天擦数层，一个月内保证全部擦拭一次） (3) 公共走廊及路灯的灯罩清拭一次
4	每季	楼宇的玻璃幕墙擦拭一次
5	每年	花岗石、磨石子外墙拟每年安排清洗一次 一般水泥外墙拟每年安排粉刷一次等

三、制定科学的操作程序

操作程序既包括各项保洁工作的作业程序，也包括员工的日常工作程序。物业公司在制定保洁操作程序时，除了确定各项保洁的作业程序外，更要确定作业频度和保洁员工每日的操作流程，即把员工每天的工作安排得井井有条，每项工作都有时间表，便于管理者考核检查。

住宅区保洁员工作程序

一、工作范围
物业公司管辖区域住宅区的清洁。
二、作业程序
1. 室内部分
(1) 早晨____~____清扫底层单车房和楼道口。
(2) 上午____~____清扫、拖抹楼道，清洁墙面，清扫天花板、雨篷，清洁水池，清运杂物。
(3) 下午____~____擦抹扶手、电子门、信报箱、电表箱、窗户、消防栓、管、开关、灯具等。
2. 室外部分。
(1) 早晨____~____清扫马路、草地、公共场地、停车场各一遍；清运垃圾池、垃圾箱里的垃圾，并用清水冲洗。
(2) 上午将垃圾拖运到中转站上车，并清洗中转台和排水沟以及各自的手推垃圾车，值班员用喷雾器对中转台及周围地面喷药。
(3) 对各自责任区内的马路、草地、污（雨）水井、沙井、散水坡、排水沟等进行全面清洁，每小时循环一遍。
(4) 下午____~____清运各责任区垃圾池、箱内的垃圾，清洗垃圾中转台，并喷药；清洗垃圾池或箱，对各自责任区进行保洁，每小时循环一遍。
(5) 公共场所，如中心花园、大门口、综合超市周围、停车场等在中午____~____和下午____~____安排清洁工值班保洁。
三、标准
符合清洁工作检验标准。

四、制定保洁质量标准

标准是衡量事物的准则，也是评价保洁工作的尺度。要对保洁质量进行检查，则必须有标准可参照。

物业公司在制定保洁质量标准时可参照物业区域环境保洁的通用标准——"五无"，即无裸露垃圾、无垃圾死角、无明显积尘积垢、无蚊蝇虫孳生地、无"脏乱差"顽疾。另外，建设部颁布的《全国城市马路清扫质量标准》中，有两条可以作为物业区域道路清扫保洁质量的参考。

① 每天普扫两遍，每日保洁。

② 达到"六不""六净"标准，即不见积水、不见积土、不见杂物、不漏收堆、不乱倒垃圾、不见人畜粪，路面净、路沿净、人行道净、雨水口净、树坑墙根净和废物箱净。

质量是保洁工作的生命，达到质量标准是保洁工作的目的。为使服务质量标准切实可行，标准的制定必须具体、可操作，最好是将检验方法和清洁频率等都确定下来。质量标准应该公布出来，并注明保洁员工的姓名，让业主、用户监督，以增强保洁员工的责任心。表4-43提供某物业小区的保洁质量标准供参考。

表4-43 某物业小区的保洁质量标准

分类	序号	项目	标准	检验方法	清洁频率
室外组	1	路面、绿地、散水坡	无瓜果皮壳、纸屑等杂物，无积水，无污渍；每10平方米内的烟头及相应大小的杂物不超过一个	沿路线全面检查	每天彻底清扫两次；每半小时循环一次；每月用水冲刷一次
	2	果皮箱	内部垃圾及时清理，外表无污迹、黏附物	全面检查	每天清倒两次；每天刷洗一次；每周用洗洁精刷一次
	3	垃圾屋	地面无散落垃圾，无污水、污渍，无明显污迹	全面检查	每天清倒、冲刷两次；每周用清洁剂刷洗一次
	4	垃圾中转站	地面无散落垃圾，无污水、污渍，墙面无黏附物，无明显污迹	全面检查	每天清理刷洗两次
	5	标志牌、雕塑	无乱张贴，目视表面无明显灰尘，无污迹	全面检查	每天清抹一次
	6	沙井	底部无垃圾，无积水、积沙，盖板无污迹	抽查三个井	每天清理一次
	7	雨、污水管、井	检查井内壁无黏附物，井底无沉淀物，水流畅通，井盖上无污迹	抽查五个井	雨、污水井每年清理一次；污水管道每半年疏通一次
	8	化粪池	不外溢污水	全面检查	每半年吸粪一次
地下室	1	车库地面	无垃圾、杂物，无积水，无泥沙	抽查五处	每天清扫两次；每两小时循环一次；每月用水冲刷一次
	2	车库墙面	目视无污迹，无污渍，无明显灰尘	抽查五处	每月清扫、冲洗一次
	3	地下车库的标志牌、消火栓、公用门等设施	目视无污迹，无明显灰尘	抽查五处	每月用洗洁精清抹一次，灯具每两月擦一次
	4	车库和天台管线	目视无积尘、污迹	抽查五处	每两月用扫把清扫一次

续表

分类	序号	项目	标准	检验方法	清洁频率
室内组	1	雨篷	目视无垃圾，无青苔，无积水	全面检查	每周清理一次
	2	天台、转换层	目视无垃圾，无积水，无污迹，明沟畅通	抽查五处	每天清理一次
	3	水磨石、水泥大理石、地毯地面的清洁	无垃圾杂物，无泥沙，无污渍，大理石地面打蜡抛光后有光泽；地毯无明显灰尘，无污渍	抽查五处	每天清扫一次，大理石打蜡每两月一次；每周抛光一次；地毯吸尘每周一次；地毯清洗每季度一次
	4	大理石、瓷片、乳胶漆、喷涂墙面的清洁	大理石、瓷片、喷涂墙面用纸巾擦拭50厘米无明显灰尘，乳胶漆墙面无污迹，目视无明显灰尘	抽查七层，每层抽查三处	大理石打蜡每半年一次；抛光每月一次，乳胶漆墙面扫尘、喷涂、瓷片墙面擦洗每月一次
	5	天花板、天棚	距1米处目视无蜘蛛网，无明显灰尘	抽查七层，每层抽查三处	每月扫尘一次
	6	灯罩、烟感、吹风口、指示灯	目视无明显灰尘，无污渍	抽查七层，每层抽查三处	每月清抹一次
	7	玻璃门窗	无污迹，清刮后用纸巾擦拭无明显灰尘	抽查七层，每层抽查三处	玻璃门每周刮一次；玻璃窗每月刮一次
	8	公用卫生间	地面无积水、无污渍，无杂物；墙面瓷片、门、窗，用纸巾擦拭无明显灰尘，便器无污渍；天花板、灯具目视无明显灰尘，玻璃、镜面无灰尘，无污迹	全面检查	每天清理两次；每两小时保洁一次
	9	公用门窗、消火栓、标志牌、扶手、栏杆	目视无明显污迹，用纸巾擦拭无明显灰尘	抽查七层，每层抽查三处	每天清抹一次（住宅区），每周清抹一次

五、开展保洁质量检查

检查是保洁质量控制的一种常用方法，也是很有效的方法，这为多数物业公司所采用。

（一）质量检查四级制

质量检查四级制如图4-24所示。

（二）质量检查的要求

质量检查的要求如图4-25所示。

图4-24 质量四级检查制

| 要求一 | 检查与教育、培训相结合 |

对检查过程中发现的问题，不仅要求及时纠正，还要帮助员工分析原因，对员工进行教育、培训，以防类似问题的再次发生

| 要求二 | 检查与奖励相结合 |

在检查过程中，将检查的记录作为对员工工作表现等的考核依据，并依据有关奖惩和人事政策，对员工进行奖惩及做好有关人事问题的处理

| 要求三 | 检查与测定、考核相结合 |

通过检查、测定不同岗位的工作量、物料损耗情况，考核员工在不同时间的作业情况，更合理地利用人力、物力，从而达到提高效率、控制成本的目的

| 要求四 | 检查与改进、提高相结合 |

通过检查，对所发现的问题进行分析，找出原因，提出措施，从而改进服务素质，提高工作质量

图4-25 质量检查的要求

（三）运用报表

物业管理公司可将每日、每周、每季、每年清扫保洁、消杀工作的具体内容用记录报表（表4-44和表4-45）的形式固定下来，以便布置工作和进行定期检查。

表4-44 垃圾清运服务质量记录

单位： 日期：_____年____月____日

日期	清运时间	是否及时清运	尚未清运	清运效果	清洁工签名	日期	清运时间	是否及时清运	尚未清运	清运效果	清洁工签名
1						17					
2						18					
3						19					
4						20					
5						21					
6						22					
7						23					
8						24					
9						25					
10						26					
11						27					
12						28					
13						29					
14						30					
15						31					
16											

注：此表由班长指派室外组清洁员负责填写，每月交房管部门，保存一年。

表4-45 消杀过程记录

日期：_____年____月____日

地点 \ 项目	灭蚊蝇		灭鼠			消杀人	监督人	备注
	喷药	投药	放药	装笼	堵洞			
垃圾箱								
垃圾中转站								
污、雨水井								
化粪池								
窨井								
绿地								
楼道								
自行车库								
雨篷								
食堂、宿舍								

续表

记录 地点 \ 项目	灭蚊蝇		灭鼠			消杀人	监督人	备注
	喷药	投药	放药	装笼	堵洞			
游泳场								
停车场								
设备房								
商业网点								
向住户发药								

注：1. 对当天已做的项目地点用"√"表示，未做的项目用"×"表示。
2. 清洁班长负责监督，填写此表，管理处保存一年。

第十节　绿化管理

一、绿化管理重点

（一）一般住宅小区绿化管理重点

一般住宅小区绿化管理重点如下。
① 加强对植物病虫害、水肥的管理，保证病虫害不泛滥成灾，植物能正常生长。
② 及时清除园林植物的枯枝败叶，并每年对大乔木进行清理修剪，清除枯枝。在大风来临前还应派人巡视辖区内的园林树木，检查是否有潜在危害的枯枝。
③ 及时对阻碍业主、用户生活活动的绿化景点进行改造，减少人为践踏对绿化造成的危害。
④ 创建社区环境文化，加强绿化保护宣传，使业主、用户形成爱护绿化的良好习惯。

（二）高尚住宅小区绿化管理重点

高尚住宅小区绿化管理的重点如下。
① 加强园林植物日常淋水、施肥与修剪等工作，保持植物生长健壮良好。
② 每天及时清除小区内的枯枝败叶。
③ 对生长不良的绿化景点或损坏的园林小区应及时进行更换或改造，始终保持园林景观的完美。
④ 经常举办一些插花艺术、盆景养护、花卉栽培等方面的绿化知识讲座、技术咨询、插花比赛等活动。也可通过花店等为业主、用户提供鲜花、观赏植物、观赏鱼、插花服务以及花木代管、私家园林代管等有偿服务。

二、选择绿化管理方式

物业小区的绿化一般由物业公司全部管理，可以按完全自主或半自主模式自行管理，也可按子公司或外包模式进行管理。

高尚住宅小区除了公共部分由物业公司管理外，业主、用户的私家花园一般由业主、用户自行管理，或由管理处提供有偿代为管理服务。

三、善用绿化管理方法

（一）建立完善管理机制

为了将物业绿化管理做好，必须要有一个完善的管理机制，包括完善的员工培训机制，如员工入职培训、技能培训、管理意识培训；完善的工作制度、奖惩制度及标准等。另外，物业绿化并非单纯是物业管理公司的事，业主、用户的维护与保养也是很重要的。所以，物业公司宜在业主、住户们入住之初，与其签订《小区环保公约》，以此作为自我约束。

（二）建立完善的质量管理系统

为了保证管理质量，应建立完善，科学的质量管理系统，包括操作过程的质量控制方法、检查及监控机制、工作记录等。

绿化管理可在园林绿化管理上导入ISO 9000体系，建立完善的日检、周检、月检、季检及年检制度，对检查结果记录（表4-46）存档，以便能将管理中出现的问题进行系统分析并采取有效整改措施，并将检查结果与员工或分包商的绩效考评挂钩，具体操作时可运用"绿化质量评定和绿化费计算表"（表4-47）。从而实现对员工及分包商的有效控制；将绿化管理的质量管理科学化；保证物业绿化管理的质量。

表4-46 绿化养护检查记录表

检查地点：　　　　　　　　检查人：　　　　　　　　日期：＿＿＿年＿＿月＿＿日

项目	检查内容	检查记录	被检人确认	异常改善情况
草皮	长势是否良好			
	是否超长			
	有无杂草			
	是否干旱缺水			
绿篱花球	长势是否良好			
	有无超长			
	是否干旱缺水			
盆栽	长势是否良好			
	有无干枝、树叶			
	是否干旱缺水			
植保	有无虫害			
	有无病害			
其他				
检查总结				

表4-47　绿化质量评定和绿化费计算表

日期：_____年___月___日

检查单位 \ 评分 \ 周期	一周	二周	三周	四周	五周	合计	绿化承包费 计算公式：承包费× x%（x代表乙方本月实得分数）
管理处负责人签字							
供方负责人签字							

（三）制定科学合理的操作规程

操作规程是规定操作者在做某一件事时必须遵循的操作方法与步骤。由于绿化管理受环境及天气影响较大，在不同的天气条件下做同一件事的方法步骤会有所不同。所以，物业公司在组织人员制定操作规程时必须充分考虑各种因素，把各项操作步骤充分量化、标准化，使员工易于明白及接受。

四、加强绿化外包管理

由于绿化工作的专业性较强，许多物业公司都选择将这项工作进行外包，因而，物业公司在绿化的管理上重点是放在外包商的选择和外包服务的监控上。

（一）绿化外包准备工作要点

物业公司在对绿化管理项目外包之前，必须做好各项准备工作，包括绿化面积的测量、绿地类型及植物种类和数量的统计、管理质量的标准及操作频度的制定、检查及纠正或处罚制度的制定、管理费用的测算、配套设施设备及工具房、水电接口等的准备等。在此主要谈谈作业频度与验收标准，因为这也是以后监督、检查工作的标准。

1. 作业频度

作业频度要根据所在物业绿化保养的标准来确定，具体包括绿化项目、工作频度及具体要求，见表4-48。

表4-48　外包绿化养护作业频度要求

序号	项目	工作具体要求
1	浇水（草坪和灌木为主）	冬、春季晴天宜视天气情况每2～3天浇水一次；夏、秋季宜每天浇一次
2	清理绿化垃圾	修剪下来的树枝和杂草，当天垃圾要当天清运，不准就地焚烧

续表

序号	项目	工作具体要求
3	补植	对因管理不善造成的残缺花草、树木、草坪露黄土部分要及时补植恢复
4	防风、防汛	灾前积极预防,对树木加固,灾后及时清除倒树、断枝,疏通道路,清理扶植不得超过两天
5	防止人为、车辆破坏	确保绿化完整,出现人为或车辆损坏时要及时恢复,并采取有效措施封闭绿化带
6	松土、除杂草	草坪等除草每月一遍,雨后杂草严重者每周一遍,草坪上不允许有杂草,花木丛中不允许有高于花木的杂草
7	施肥	草地每____天施肥一次,施肥量每次____千克/100平方米;灌木每年施肥____次,施肥后回填泥土、踏实,淋足水,做到施肥均匀、适度,施肥量每次____千克/100平方米;乔木每年施肥____次,施肥量每次____千克/棵
8	修剪整形	草地:夏、秋季____次/月,冬、春____次/季 灌木:春、秋季____次/季,乔木冬季修剪一遍
9	病虫害防治	坚持"预防为主,综合治理"的原则,一旦发现疫情,要立即喷药防治,每____天喷药一次

2. 验收标准

验收标准也相当重要,不同的标准费用也不同,而且有了标准,供方在操作时可按标准执行,管理处进行检查时也有据可查,操作时可依据表4-49的提示。

表4-49 外包绿化养护验收标准

项目	验收标准	扣罚依据
浇水	(1)保持植物良好长势,不出现大面积枯萎等缺水现象 (2)秋、冬季保持草地基本青绿	旱季(秋、冬季)超过一天不浇水并出现大面积枯黄、落叶失水现象扣____元/平方米
施肥	做到施肥均匀、充足、适度,保证绿化植物强壮、枝叶茂盛	施肥量由管理处在绿化养护工作记录表中的记录为准,不够量要按实扣款
修剪整形	(1)草地:要求草的高度一致,整齐美观,无疯长现象 (2)乔灌木:植物主枝分布均匀,通风透气、造型美观、绿篱整齐一致、无空膛现象	草长超过____厘米按____元/平方米,地被超过____厘米按____元/平方米,绿篱未按时修剪造成疯长、明显空膛的按____元/平方米扣款
病虫害防治	病株、虫害现象不成灾;发现病虫害及时防治	出现大面积虫害、病株并成灾,影响观赏时,可要求全面更植同规格花木,费用由园林公司负责
除杂草松土	单纯草种纯度在____%以上,花丛下无杂草,树盘内无严重杂草	树盘规则明显,如有严重杂草并影响观赏时扣____元/平方米

续表

项目	验收标准	扣罚依据
补植	能满足植物生长的条件下无黄土裸露，做到绿化完好率在____%以上，草坪无积水、无明显裂缝，对局部缺光地块换耐阴植物	因管理原因逾期不补，按如下标准扣罚 乔木____元/株 灌木____元/株 草坪____元/平方米
清理绿化垃圾	保洁率在____%以上，并有专人跟踪保洁	超过两天每处每夜罚____元
防风、防汛	尽快恢复原状，以免影响交通人流	因未及时扶植、管理不当造成损失，园林公司负责恢复
人为车辆破坏	恢复和封闭效果明显	园林公司负责栽植恢复

（二）绿化供方评定与选择

1. 制定供方评定标准

在进行招标或选择供方前，首先根据实际质量要求情况制定出切合实际的供方评定标准，再向专业公司发出招标函；然后由公司分管领导及3～5名专业人士组成供方评定小组，根据制定的评定标准对应标的专业公司进行评审，将评审合格的专业公司记录在合格分供商记录表中存档备用。而在合格分供商中则以综合评分高、价格低者当选。

一般供方评定的标准包括以下内容。

① 供方专业资质、营业执照及资金实力。
② 供方技术力量、管理经验。
③ 供方以往的专业业绩及口碑。
④ 供方的管理能力及管理制度、培训制度等。
⑤ 供方的设备及工具完善程度。
⑥ 供方的管理方案。

2. 审核供方提供的资料

供方参加评审时应提交以下资料。

① 供方的资质证明、营业执照。
② 主要技术人员的学历证明及个人资料。
③ 供方以往主要工作业绩。
④ 供方公司主要规章制度。
⑤ 供方主要园林绿化管理操作规程。
⑥ 供方主要园林机构工具名称及数量。
⑦ 针对待分包项目的工作计划。

（三）绿化外包合同签订

在选定管理单位后，经双方协商签订好承包合同。合同内容应包括甲方（外包方）单位名、乙方（承包方）单位名、管理面积、单位管理面积费用、总费用、付款方式与时间、双方责任与义务、管理质量标准、违约或管理不达标的处理方法等。

（四）外包绿化服务监督检查

物业公司最好指定专人负责外包绿化的监督检查工作，同时自己也要定期地参与检查和分析。对于监督检查工作最好规定按如图4-26所示的步骤去做。

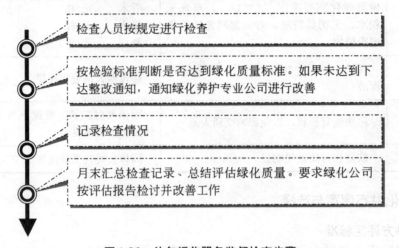

图4-26　外包绿化服务监督检查步骤